AF633567

PARLONS QUECHUA
La langue du Cuzco

Collection ***Parlons***
dirigée par Michel Malherbe

Déjà parus :

Parlons coréen, 1986, M. MALHERBE, O. TELLIER, CHOE JUNG WHA.
Parlons hongrois, 1988, CAVALIEROS, M. MALHERBE.
Parlons wolof, 1989, M. MALHERBE, CHEIKH SALL.
Parlons roumain, 1991, G. FABRE.
Parlons swahili, 1992, A. CROZON, A. POLOMACK.
Parlons kinyarwanda-kirundi, 1992, E. GASARABWE.
Parlons ourdou, 1993, M. ASLAM YOUSUF, M. MALHERBE.
Parlons estonien, 1993, F. DE SIVERS.
Parlons birman, 1993, M. H. CARDINAUD, YIN XIN MYINT.
Parlons lao, 1994, C. NORINDR.
Parlons tsigane, 1994, M. KOCHANOWSKI
Parlons bengali, 1994, J. CLÉMENT .
Parlons pashto, 1994, L. DESSART.
Parlons telougou, 1994, O. et D. BOSSÉ.
Parlons ukrainien, 1995, V. KOPTILOV
Parlons euskara, 1995, T. PEILLEN
Parlons bulgare, 1995, M. VASSILEVA.
Parlons népali, 1996, P. ET E. CHAZOT
Parlons soninké, 1995, CH. GIRIER
Parlons Somali, 1996, M. D. ABDULLAHI
Parlons Indonésien, 1997, A.-M. VAN DIJCK, V. MALHERBE
Parlons géorgien, 1997, I. ASSIATIANI, M. MALHERBE.
Parlons japonais,1997, P. PIGANIOL
Parlons breton, 1997, P. LE BESCO.
Parlons tchétchène - ingouche, 1997, P. PARTCHIEVA ET F. GUÉRIN
Parlons lapon, 1997, J. FERNANDEZ

À paraître :

Parlons mongol, letton, malgache, albanais, kurde etc.

© L'harmattan, 1997
ISBN : 2-7384-5602-2

Je tiens à remercier chaleureusement Gérald Taylor dont les conseils et les commentaires ont contribué de façon très importante à l'élaboration de cet ouvrage et Lydia Cornejo qui a révisé la plupart des exemples quechuas et a enregistré les textes qui figurent dans la cassette.

La carte des pages 8 et 9 est extraite de l'ouvrage de J. Brisseau-Loaiza, *Le Cuzco dans sa région* (Travaux et documents de géographie tropicale, n° 44), Talence: CEGET, 1981, p. 6. Celle de la page 10 est extraite de l'ouvrage d'Alfredo Torero, *El quechua y la historia social andina*, Lima: Universidad Ricardo Palma, 1974.

N
L A C O N V E N C I O N
Qelleuno
Echarate
Ocobamba
QUILLABAMBA
Maranura
Huayopata
Lucma
Chaullay
Santa María
Santa Teresa
C
U
Río Urubamba
Ollanta
U R U B A M
Salkantay
6271
URUBAMBA
Huarocondo
Zurite
Mollepata
Limatambo
A N T A
Chinchaypuquio
Río Apurímac
A Y A C U C H O
Ongoy
Ocobamba
Chincheros
Uripa
Andarapa
Cocharcas
Talavera
San Jeronimo
Santa Maria de C
Huancarama
ANDAHUAYLAS
Quishuara
Pacobamba
Huanipaca
Cachora
Curahuasi
Tamburco
ABANCAY
A B A N C A Y
Huancaray
Turpo
San Antonio de C
Chiara
A N D A H U A Y L A S
Pichirhua
San Juan de C
Circa
Lambrama
Palpacachi
Vilcabamba
Cotabambas
Coyllurqui
COTABAMB
TAMBOBAM
Lucre
Tintay
Chacoche
Colcabamba
Chapimarca
A P U R I M A C
GRAU
Toraya
Umamarca
Capaya
Curpahuasi
Progreso
Pomacocha
CHUQUIBAMBILLA
Vilcabamba
Huayllo
Tapairihua
Airihuanca
San Antonio
Pampachiri
Soraya
Pataypampa
Sañayca
Pocohuanca
Ayahuay
Mamara
Haquira
Yanaca
Pachaconas
Turpay
CHALHUANCA
Oropesa
Sabaino
Huaquirca
Caraibamba
ANTABAMBA
Cotaruse
Mollebamba
SANTO TO
AYMARAES
ANTABAMBA
C H U M B
A R E Q U I
Capitale de département
Capitale de province
Capitale de district
Limites départementales
Limites provinciales
0

LES DEPARTEMENTS DU CUZCO ET D'APURIMAC
Divisions administratives actuelles
MADRE DE DIOS
Rio Paucartambo
Rio Cosñipata
Rio Pillcopata
Pillcopata
Quince Mil
Rio Marcapata
Chalabamba
PAUCARTAMBO
CALCA
Yucay
Lamay
Coya
Pisac
Colquepata
Chincheros
Taray
San Salvador
Huanchac
Poroy
San Sebastian
San Jerónimo
Santiago
CUZCO
Oropesa
Caicay
Catca
Ccarhuayo
Ocongate
Marcapata
QUISPICANCHIS
Ccorca
Yaurisque
Lucre
Andahuaylillas
URCOS
Huaro
Huanoquite
PARURO
Paccaritambo
3084
Ausangate
6384
Rondocan
Colcha
Ccapi
ACOMAYO
Acos
Pilpinto
Accha
Sangarara
Pitumarca
Checacupe
Capacmarca
Pomacanchi
Acopia
Combapata
Omacha
Mosoccllacta
Tinta
CANCHIS
Pampamarca
San Pedro
San Pablo
Tungasuca
YANAOCA
SICUANI
Rio Santo Tomas
Colquemarca
Chamaca
Livitaca
Llusco
Marangani
Quehue
CANAS
Langui
Checca
Layo
Velille
El Descanso
Pichigua
ESPINAR
Coporaque
4789
Rio Apurimac
Tocroyoc
Suyckutambo
Ocoruro
O
Z
C
O

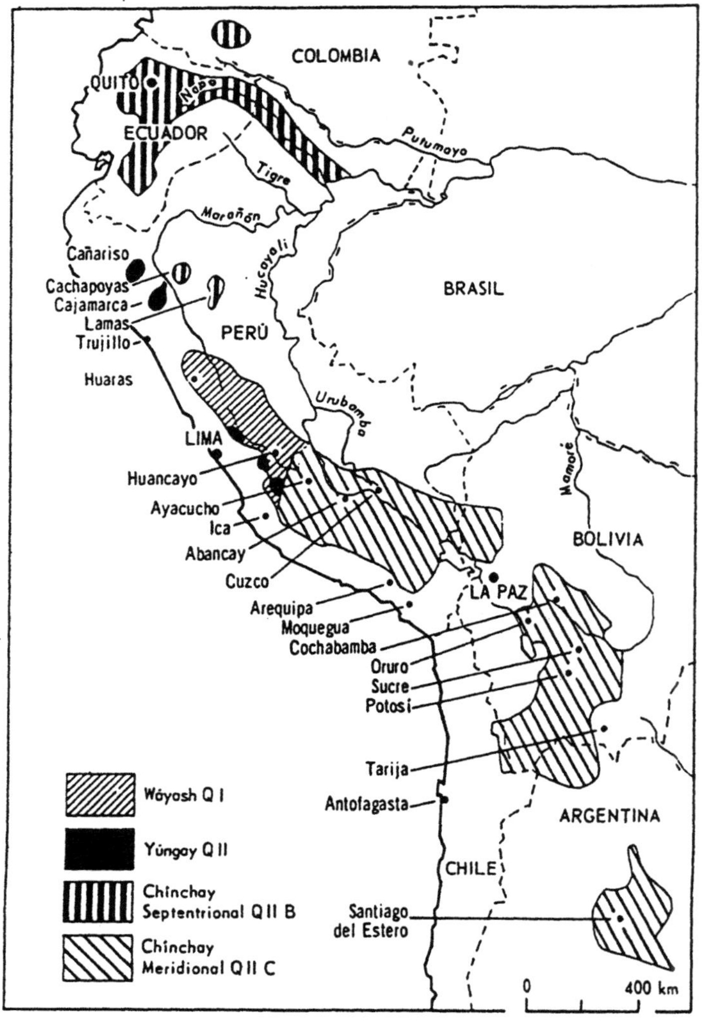

LES DIALECTES QUECHUAS

HISTOIRE

ET

SOCIETE

INTRODUCTION

Dans l'imaginaire des Européens, comme dans celui des peuples andins, le quechua est souvent associé aux Incas. Il est vrai que ceux-ci ont bâti le plus grand état qu'ait connu l'Amérique précolombienne et qu'ils ont contribué à diffuser cette langue sur une vaste partie de l'Amérique du Sud. Leur empire n'a cependant duré que quelques décennies et la diffusion du quechua depuis le sud de la Colombie jusqu'au nord-ouest de l'Argentine ne saurait leur être imputée à eux seuls, tant s'en faut. Les Incas n'ont été en effet ni les premiers ni les derniers à en favoriser l'usage: nous savons aujourd'hui que le quechua a accompagné pendant au moins deux millénaires plusieurs processus successifs d'homogénéisation culturelle de cette région du monde. C'est donc dans cette langue, plus que dans toute autre, que les nations que nous appelons souvent aujourd'hui "les pays andins", ont forgé leur spécificité culturelle. Ce n'est guère que récemment, au XXe siècle, que l'espagnol a commencé à la remplacer dans ce rôle intégrateur.

Avec quelques 10 millions de locuteurs, le quechua reste aujourd'hui la langue amérindienne la plus parlée. Au moins 25 % des Equatoriens, 18 % des Péruviens et 28% des Boliviens en font usage en cette fin de XXe siècle. Certes, depuis quelques décennies, ces pourcentages sont en constante diminution et il y a encore cinquante ans, le quechua était la langue de la majorité de la population des trois pays andins. Ce recul est la conséquence de l'exode rural et de processus d'intégration économique menés par des élites essentiellement hispanophones. Mais il est tout relatif: en raison de l'explosion démographique qu'ont connue les campagnes andines au cours du XXe siècle, les quechuaphones sont aujourd'hui plus nombreux qu'ils ne l'ont jamais été.

Selon les recensements les plus récents, ils sont environ 4 500 en Colombie, 2 250 000 en Équateur, 4 000 000 au Pérou, 2 500 000 en Bolivie et 100 000 en Argentine, soit 8 855 000. Mais ces chiffres émanent de questionnaires ambigus, face auxquels le locuteur a souvent tendance à escamoter sa connaissance d'une langue moins prestigieuse que l'espagnol. Il est plus vraisemblable que les locuteurs de quechua soient actuellement au moins dix millions.

Ces estimations globales ne doivent pourtant pas laisser croire que nous nous trouvons face à une réalité linguistique homogène. Certes, pour des raisons historiques, les locuteurs considèrent le quechua comme une seule et même langue. Pourtant, un Équatorien ne pourra communiquer que très difficilement avec un habitant d'Ayacucho, au Pérou, tandis qu'un locuteur du Callejón de Huaylas, dans la sierra centrale de ce même pays, ne pourra pas comprendre son compatriote du Cuzco. Ce qu'on appelle "quechua" est en fait un ensemble linguistique dont la diversité serait bien difficile à décrire dans le cadre d'un bref ouvrage. Nous avons donc préféré présenter ici une variété particulière: le quechua du Cuzco. Sa riche tradition littéraire et le fait que cette cité fut la capitale de l'empire des Incas confèrent à la variété cuzquénienne un prestige certain au-delà même de la région où elle est pratiquée. D'autre part, ce quechua forme avec les variétés de la Bolivie, de l'Argentine et de tout le sud du Pérou, un même ensemble dialectal, que certains linguistes, après Alfredo Torero, appellent "chinchay méridional", au sein duquel cinq à six millions de personnes, soit la majorité des quechuaphones, peuvent se comprendre parfaitement.

L'ESPACE ET L'HISTOIRE

• Les Andes Centrales

Le destin du quechua a d'abord été scellé par l'essor de la civilisation dans un espace que les archéologues appellent "les Andes Centrales". Cette région naturelle, qui est devenue aussi une aire culturelle, correspond aujourd'hui grossièrement à la côte et à la sierra du Pérou, de la Bolivie et du nord du Chili. Elle dessine une frange d'environ 1700 km de long et dont la largeur varie de 300 à 500 km. Elle est limitée à l'ouest par l'océan Pacifique et à l'est par la forêt amazonienne. Au nord, quelques 400 km de montagnes escarpées et boisées séparent le bassin de Cajamarca, dans le nord du Pérou, de celui de Loja, dans le sud de l'Équateur. Cette frontière naturelle correspond aussi au changement du régime des pluies (équatorial au nord, tropical au sud) et à l'abaissement de la cordillère septentrionale. A la même hauteur, sur la côte, les 200 km du désert de Sechura séparent les villes péruviennes de Lambayeque et Piura. Celle-ci est à son tour isolée de la côte subtropicale équatorienne par une longue frange de sables stériles. Au sud des Andes Centrales, le désert d'Atacama -un des plus arides au monde- s'étale sur quelques 700 km avant le premier oasis. Au sud-est, enfin, la très inhospitalière cordillère orientale bolivienne dresse sa barrière entre la vallée de Cochabamba et les régions plus orientales de l'actuelle Bolivie. A l'intérieur de l'espace ainsi délimité, on connaît une relative uniformité de température et de climat, à altitude égale, du nord au sud, avec une saison des pluies de décembre à avril et une saison sèche et froide de juin à septembre.

Cette région de l'Amérique du Sud se caractérise cependant par une géographie qui, à l'exception des vastes steppes ouvertes qui entourent le lac Titicaca, ne facilite pas non plus les communications internes: elle est composée d'un ensemble de vallées séparées par des montagnes abruptes ou des déserts. Mais cet isolement entre différentes poches de peuplement reste relatif: on ne trouve pas de séparation, d'une vallée à l'autre, qui soit supérieure à 200 km, à l'exception du Cuzco qui est la zone la plus isolée. Ces distances n'étaient donc pas suffisantes pour empêcher la communication mais au moins favorisaient-elles un certain isolement entre différentes poches de peuplement à l'intérieur d'un espace lui aussi assez coupé du reste du continent. L'histoire de cette région du monde se caractérisera dès lors par une alternance de moments de repli et d'époques d'intensification des contacts entre ces poches, au sein desquelles se constitueront des entités ethniques et politiques séparées.

Parmi les pièces de cette grande mosaïque, six régions de la sierra ont été assez vastes pour concentrer une grande quantité de population et constituer des foyers de civilisation à l'époque préhispanique: ce sont les bassins et vallées qui entourent Cajamarca, le Callejón de Huailas, la vallée du Mantaro, le bassin du fleuve Pampas, les vallées et les plaines qui entourent Cuzco, le bassin de Puno et l'Altiplano au sud du lac Titicaca. Sur la côte, c'est au niveau du centre et du nord du Pérou que l'on trouve les vallées les plus larges et donc, à l'époque préhispanique, les sociétés les plus développées.

Si ces grandes vallées sont relativement isolées les unes des autres, les différents écosystèmes qui s'échelonnent le long des versants abrupts des Andes sont souvent très rapprochés: entre une et dix journées de marche relient n'importe quelle vallée interandine aux piémonts amazoniens voire à la côte (**yunga**). Les steppes d'altitude (**puna**) sont encore plus proches de ces vallées. Parfois, on n'a besoin que de quelques heures à pied pour passer de la **puna**, à 4000 m d'altitude, au désert côtier ou à la forêt tropicale. A l'époque préhispanique, cette proximité entre les étages écologiques favorisait les tendances de chaque entité politico-ethnique à l'autosuffisance: plutôt que de se livrer au commerce, chacune d'elles préférait s'assurer un accès à des produits diversifiés en possédant et exploitant directement des enclaves situées plus bas ou plus haut que son noyau territorial, quitte à ce que son territoire ethnique ne soit pas continu.

• **Les débuts de la civilisation**

Les premiers hommes qui s'installèrent dans la zone andine étaient des chasseurs cueilleurs venus du nord, il y a au moins 15 000 ans, peut-être bien davantage. Dans les Andes, la sédentarisation n'a pas attendu l'apparition de l'agriculture: elle débute au contraire très tôt: sur la côte, grâce à la pêche, le courant de Humboldt rendant le littoral péruvien particulièrement riche en faune marine, et dans la cordillère, grâce à l'abondance de viande fournie par les auquénidés (domestiqués entre 6000 et 5000 av. J.-C.). Les premiers villages apparaissent ainsi au bord de l'océan dès le VIIe millénaire avant notre ère, avec une organisation sociale déjà relativement complexe, bien avant que l'agriculture ne devienne la base économique de ces sociétés. Les premiers centres cérémoniels monumentaux sont construits dès 3000 av. J.-C. sur la côte et dès 2500 dans la sierra.

• **Première homogénéisation culturelle: Chavín**

Vers 1 800 av. J.-C., les sociétés qui avaient vécu longtemps d'une horticulture complétée par la pêche ou la chasse, se consacrent désormais essentiellement à l'agriculture d'irrigation (la seule possible sur la côte). On construit les premiers canaux, signe de l'apparition de sociétés de plus en plus complexes, avec des élites capables d'organiser une population relativement importante pour des travaux à grande échelle. Au fur et à mesure que chaque société produit davantage d'excédents, les échanges inter-régionaux s'intensifient et les Andes Centrales connaissent un premier processus d'homogénéisation culturelle. Au cours du premier millénaire, le centre cérémoniel de Chavín de Huántar acquiert une importance de premier ordre dans cette circulation des biens et commence à diffuser ses cultes et son iconographie depuis le nord du Pérou jusqu'à Ayacucho et Ica. Chavín propage notamment ses images du "Dieu aux Bâtons", la grande divinité agricole des Andes préhispaniques, qu'il faut sans doute identifier à celui que les Incas appelaient "Viracocha" (**Wiraqucha**) et les peuples de la sierra centrale

"Huari" (**Wari**). Les hypothèses linguistiques les plus récentes font remonter à cette époque une première vague d'expansion du quechua dans les Andes centrales du Pérou, à partir de Chavín.

• L'époque classique

Entre 400 et 200 av. J.-C., de façon encore inexpliquée, beaucoup de centres cérémoniaux sont abandonnés et de nouveaux centres sont construits ailleurs ou sur les précédents. L'hégémonie culturelle de Chavín prend fin et les différentes régions des Andes Centrales entrent, pour environ sept siècles, dans un processus de différentiation culturelle. Cette époque s'avère cependant extrêmement brillante dans tous les domaines de la culture matérielle, comme en témoignent les réalisations des cultures archéologiques Vicús, Moche, Recuay, Paracas, Nasca et Pucará. D'où le nom d'"époque classique" parfois donné à cette période. Dans chacune des différentes régions, l'augmentation de la population réclame et permet, tout à la fois, l'édification d'ouvrages d'art hydraulique, dont le contrôle nécessite à son tour une vigilance militaire constante. Ainsi s'explique peut-être le caractère belliqueux de ces petits états, sans cesse obligés de se protéger et de défendre les sources et les lacs qui alimentent en amont les canaux dont dépend leur survie.

• Huari et Tiahuanaco

A partir du VIe siècle ap. J.-C., se constituent pour la première fois dans les Andes Centrales deux grands ensembles politiques supra régionaux: Tiahuanaco et Huari. Les habitants de la cité de Tiahuanaco, près de la rive sud du lac Titicaca, construisent une série de villes satellites et de colonies économiques sur une grande partie de l'altiplano bolivien, dans les vallées environnantes et sur la côte du nord du Chili. Au même moment, ceux de la cité de Huari, près d'Ayacucho, entament la conquête d'un empire qui les conduira à dominer la sierra centrale du Pérou et la région du Cuzco ainsi que, de façon indirecte, la plus grande partie de la côte péruvienne. Avec l'hégémonie de Huari et de Tiahuanaco, qui dure jusque vers l'an 1000, les Andes Centrales connaissent à nouveau une étape d'homogénéisation culturelle. Cette époque est également marquée par un développement urbain sans précédent: les centres cérémoniels antérieurs étaient certes monumentaux mais il n'y résidait pas une population aussi nombreuse et socialement diversifiée que dans des cités comme Huari, la capitale (dont on estime la population entre 35 000 et 70 000 habitants), ou Cajamarquilla, près de Lima. C'est à cette époque que les nécessités de l'administration de ce premier grand état du péruvien conduisent ses maîtres à inventer les quipous (**khipu**), les cordelettes à noeud qui permettaient de mener à bien une comptabilité complexe. De façon encore inexpliquée, cet empire s'effondre entre 900 et 1000 ap. J.-C. et la ville de Huari est peu à peu abandonnée. Vers l'an 1000, Tiahuanaco se désagrège à son tour.

• L'époque des royaumes régionaux

Une fois libérées du joug de l'empire huari, les diverses entités politiques qui composaient la mosaïque ethnique péruvienne reprennent un développement autonome. Certaines d'entre elles surgissent cependant comme de véritables puissances régionales, comme le "royaume" de Chimor sur la côte nord du Pérou, celui d'Ichma, près de Lima, ou encore celui de Chincha, sur la côte centre-sud, avec parfois des cités presque aussi grandes que celles de l'époque huari: Chan Chan, capitale du royaume de Chimor, ou Pachacamac, capitale des Ichmas. Dans la région du Cuzco, depuis la chute de l'empire huari, les Incas ont commencé à articuler autour de leur modeste capitale un embryon d'état régional.

• Les Andes équatoriales

L'histoire de l'actuel Équateur se déroule longtemps un peu en marge de cette histoire péruvienne. C'est une région de tropiques humides ou prédomine l'agriculture sur brûlis, avec des sociétés moins complexes que celles des Andes Centrales.

Comme au Pérou, c'est à partir de 1800 ou 1500 av. J.-C. que les peuples des Andes équatoriales deviennent essentiellement agricoles. Vers 500 av. J.-C., la relative homogénéité culturelle de cette région laisse place à une diversification des traditions qui continue jusque vers 500 après J.-C. Puis des unités politiques régionales plus grandes qu'à l'époque antérieure se constituent et les échanges s'intensifient. L'irrigation, les terrasses agricoles et l'usage des outils de métal se développent tandis que surgissent les premiers ensembles urbains, capitales de ces états naissants. Lorsqu'au XVIe siècle les Incas envahissent le pays, ces peuples leur opposent une résistance acharnée, souvent noyée dans le sang. Leur assujétissement est cependant un enjeu essentiel pour les Incas. Certains de ces états, en particulier celui des Cañaris de Tomebamba, contrôlent en effet l'exportation vers le Pérou d'un bien extrêmement précieux pour celui-ci: le **mullu** ou spondyle. Ce coquillage, pêché dans les eaux chaudes du Pacifique équatorial, constitue depuis une époque très reculée un élément essentiel des rites destinés à obtenir de l'eau dans toutes les Andes Centrales et même bien au-delà. A l'époque où les Incas conquièrent cette région, l'exportation du **mullu** vers le Pérou était contrôlée par une ethnie puissante de la cordillère équatorienne, les Cañaris de Tomebamba. Or ceux-ci étaient quechuaphones bien avant l'arrivée des Incas en Équateur, sans doute parce que les liens économiques étroits qu'ils entretenaient avec les populations du Pérou les avaient obligés à apprendre une langue qui depuis des siècles était la langue de communication entre les différentes ethnies andines. Au début du XVIe siècle, la difficulté en même temps que la nécessité de contrôler ces régions éloignées, obligent les Incas à s'y implanter plus en profondeur que partout ailleurs. A tel point que l'empereur Huayna Capac (mort en 1528) s'y établit pendant les douze dernières années de son règne, faisant de Tomebamba la capitale de fait de son empire.

• **L'empire Inca**

Vers le début du XVe siècle, les Incas entament une fulgurante expansion hors de leur région d'origine. Ils tirent immédiatement parti de leurs conquêtes en bâtissant un état sur des bases simples et légères. Cet état prétend intégrer la totalité du monde connu d'alors comme le proclame le nom que les Incas lui donnent: **Tawantinsuyu** "les quatres parties [du monde] ensemble". Les Incas n'exigent de leurs sujets que des prestations annuelles de travail (**mit'a**) et encore celles-ci reçoivent-elles une rétribution: après avoir travaillé les terres de l'Inca (confisquées lors d'une conquête ou gagnées grâce à l'irrigation ou aux travaux de terrassement agricole) les corvéables reçoivent des cadeaux du souverain. Mais celui-ci (et à travers lui les Incas et l'état, qui se confondent) a soin d'offrir à chaque groupe ethnique ce qui a le plus de valeur aux yeux de celui-ci, c'est-à-dire ce qu'il ne produit pas lui-même: on offre ainsi le **mullu** des mers équatoriales aux groupes du sud de l'empire, ou encore des lamas, abondants dans le sud mais plus rares dans le nord, aux ethnies septentrionales. Les uns et les autres ont ainsi moins le sentiment de produire sans aucun avantage en retour. L'état inca fonctionne donc comme un marché: il tend à se substituer au commerce en prenant lui-même en charge les échanges entre les différentes ethnies. C'est de ce rôle qu'il tire une partie de sa légitimité et de son pouvoir. Pour faciliter cette circulation des biens, les Incas font construire en moins d'un siècle plus de 40 000 km de routes jalonnées d'entrepôts et de caravansérails (**tampu**), qui apparaissent comme la plus imposante de leurs réalisations matérielles. Le caractère agricole de cet empire se manifeste aussi dans son faible degré d'urbanisation, contrastant en cela avec l'état huari: les centres administratifs que les Incas font construire un peu partout sont certes très imposants mais demeurent presque vides la plus grande partie de l'année. Ils ne se remplissent qu'au moment où les ethnies conquises s'y réunissent pour y recevoir les "cadeaux" de l'Inca et y célébrer des rites d'alliances. Cet empire très original ne compte qu'un nombre infime de "fonctionnaires" et il n'est pas un état centralisé.

• **La colonisation espagnole**

La structure légère qui avait assuré à l'état Inca sa fulgurante expansion était cependant fragile. L'allégeance des populations conquises n'était en fait qu'une sorte de contrat personnel passé entre le souverain et le cacique de l'ethnie qui avait été contrainte par les armes à entrer dans le jeu de la "réciprocité" inca. Ces contrats étaient constamment renégociés, selon l'évolution des rapports de force ou lorsqu'un nouvel Inca accédait au pouvoir. A la mort de Huayna Capac, l'empire entre dans une période de crise. La partie de l'élite inca implantée à Tomebamba entre en compétition avec les Incas du Cuzco pour la conquête du pouvoir. Les deux factions en lutte entraînent l'ensemble des caciques et des ethnies de l'empire dans un conflit généralisé. C'est donc dans un contexte de guerre civile que les Espagnols prennent pied dans le pays, sans que les Péruviens ne se doutent au départ de la gravité de la menace qui se profile derrière les intrus. Très habilement, ceux-ci prêtent main forte aux Cuzquéniens, qui sont en train de perdre la guerre. Ils retournent la situation en faveur de ces derniers en faisant prisonnier et en exécutant Atahuallpa, chef des Incas de Tomebamba. Ils s'imposent alors aux vainqueurs comme des alliés encombrants mais indispensables. Dès lors, ils affermissent progressivement leur présence et leur pouvoir dans le pays. Lorsqu'en 1549 meurt Paullu, souverain inca fantoche porté au pouvoir par les Espagnols, il ne sera pas remplacé. Les Espagnols tiennent désormais solidement le pays. Mais les secteurs de la noblesse indigène, inca et non inca, auxquels ils ont dû s'allier pour y prendre pied et auxquels ils ont dû reconnaître certains privilèges, joueront pendant près de trois siècles un rôle politique, économique et culturel de premier plan dans la vice-royauté du Pérou.

Vers 1570, les Espagnols entreprennent de réorganiser le pays en profondeur. Les habitants sont regroupés dans de nouveaux villages, les "réductions" ou "communes", loin de leurs anciens lieux de culte et près de leur curé et de leur cacique. Ce sont ces "réductions" qui sont à l'origine des communautés actuelles. Les communes coloniales sont établies sur le modèle de celles de Castille et aujourd'hui encore l'organisation politique interne des communautés demeure assez proche de leur vieux modèle péninsulaire. Le système précolombien des territoires ethniques discontinus et échelonnés sur plusieurs étages écologiques est progressivement démantelé par le régime colonial. Les nouvelles communautés doivent désormais se livrer à un commerce intense pour se procurer ce qu'elles ne produisent pas elles-mêmes. Les personnes circulent alors comme jamais auparavant, d'autant plus que les "Indiens" accomplissent leur corvée (**mit'a**) dans les mines et non plus sur leur propre territoire, comme à l'époque inca. Nombreux sont ceux qui émigrent de leur réduction d'origine pour aller vivre dans des villages où ils ne figurent pas sur les registres de corvée et de tribut. Ces échanges et ces mouvements de population favorisent l'homogénéité linguistique: dans de nombreux endroits, une nouvelle variété de quechua, la "langue générale" -relativement proche du dialecte cuzquénien actuel-, se substitue à d'autres langues (notamment dans la Bolivie et l'Argentine actuelles) ou à d'autres variétés quechuas (dans le sud du Pérou).

Les bouleversements sont également religieux. Après des décennies de résistance au christianisme de la part d'une partie de la population, celle-ci finit, vers la fin du XVIe siècle, par assumer dans son ensemble une profonde identité chrétienne. Ce christianisme ne correspond cependant pas pour autant aux critères d'orthodoxie de l'Église et celle-ci ne manquera pas de se scandaliser des interprétations que les Indiens font des rites, des images et des mythes qui leur ont été apportés. Les cultes et les rituels nouveaux se retrouvent en effet intégrés à un contexte andin fort différent du milieu européen ou méditerranéen dans lequel le christianisme s'était jusqu'alors développé.

Au début du XVIIIe siècle, la société coloniale est à son apogée: le pays est prospère, sa production diversifiée et sa vie culturelle brillante et originale. La population indigène, qui avait connu une chute démographique dramatique jusqu'au milieu du XVIIe siècle, s'est remise à croître. Cependant, ou peut-être précisément à cause de cela, le mécontentement grandit parmi les Créoles (descendants d'Espagnols nés au Pérou) et les autochtones. Une succession de révoltes indigènes débouche en 1780 sur la révolte de Thupa Amaru et Thupa Katari, respectivement dans la région du Cuzco et dans le Haut Pérou, c'est-à-dire la Bolivie actuelle. Cette rébellion, qui pour la première fois depuis le XVIe siècle parvient à mettre en péril la présence espagnole au Pérou, n'est écrasée qu'au bout d'un an et demi de guerre. La Couronne s'effraie de l'importance qu'a pris la noblesse indigène dans le pays et abolit les cacicats. Après le démantèlement des territoires ethniques précolombiens, les réductions et l'"extirpation" du culte des ancêtres, aux XVIe et XVIIe siècles, cette abolition vient achever un long processus de dissolution des identités ethniques anciennes. Au moment de l'Indépendance des pays andins, les différentes ethnies d'origine précolombienne se sont fondues en une population "indienne", ethniquement peu différenciée.

• **Les XIXe et XXe siècles**

Les guerres d'indépendance voient l'éclatement du monde quechuaphone en plusieurs républiques nouvelles (Argentine, 1816; Pérou, 1821; Bolivie, 1825; Équateur, 1830). Les aristocraties indigènes disparaissent en tant que groupe social spécifique, pour se fondre dans le groupe créole. Mais une élite bien constituée tarde à s'imposer à la tête des jeunes nations andines qui connaissent pendant des décennies une grande instabilité politique.

Après des débuts difficiles, le Pérou est le premier des trois pays andins à connaître une modernisation capitaliste, grâce à l'exportation, entre 1840 et 1870, d'un engrais constitué des déjections des oiseaux du littoral: le guano (< quechua **wanu**). Les revenus du guano permettent en particulier la constitution de grands domaines sucriers et cotonniers sur la côte. Environ 100 000 chinois immigrent pour travailler dans ces plantations. Alors que s'accroît la centralisation économique, politique et culturelle du pays autour de Lima, les provinces andines, en particulier celles du sud, s'enfoncent dans une décadence profonde. En 1879 éclate la Guerre du Pacifique. Le Chili victorieux envahit le littoral de la Bolivie et du Pérou. La Bolivie perd ses provinces côtières et, avec elles, son accès au nitrate et au guano. Le Pérou perd également ses régions les plus méridionales.

Leur défaite met en évidence une des faiblesses essentielles du Pérou et de la Bolivie face à cette puissance toute nouvelle qu'est devenu le Chili: l'échec de leurs classes dominantes respectives à mettre en place un état et à articuler les différents segments de leur société en une nation.

A partir de la fin du siècle, l'économie des pays andins connaît cependant une forte réactivation, grâce à de nouvelles exportations: cacao pour l'Équateur, sucre, coton, argent, cuivre, plomb et zinc pour le Pérou, argent et étain pour la Bolivie. Peu à peu, à divers degrés, de nouvelles élites émergent dans chacun des trois pays et s'efforcent de prendre la conduction des destinées nationales. Cela ne se fait pas sans heurts, comme en Équateur: une courte guerre civile éclate en 1895, qui permettra à la bourgeoisie de la cité côtière de Guayaquil, enrichie par l'exportation du cacao, de s'emparer du pouvoir central à Quito, jusqu'alors essentiellement tenu par les propriétaires terriens de la cordillère. Une période d'expansion économique et de relative stabilité politique s'ouvre alors pour les trois pays, qui durera jusqu'à la crise de 1929.

La fin du XIXe siècle est aussi, dans les Andes, une époque d'expansion de la grande et moyenne propriété aux dépens des terres des communautés. Ces terres, qui étaient inaliénables à l'époque coloniale, ne le sont plus depuis les décrets émis par Bolivar en 1824 et 1825. Il faudra attendre les constitutions de 1920 au Pérou et de 1938 en Bolivie, ainsi de nombreux soulèvements paysans, pour que les communautés soient de nouveau reconnues par les législations nationales.

Les années 1930 et 1940 voient le retour de l'instabilité politique interne en même temps que des conflits externes. D'abord, la guerre du Chaco (1932-1935) à l'issue de laquelle la Bolivie perd 225 000 km^2 de son territoire ainsi que son pétrole au profit du Paraguay. En 1941 une guerre oppose l'Équateur au Pérou au sujet de territoires frontaliers. La guerre est gagnée par le Pérou mais les démarcations établies par le traité de Río en 1942 n'ont pas mis fin pour autant aux contentieux frontaliers entre les deux pays. Dès la fin des années 1930, le Pérou entame un processus d'industrialisation que ne connaîtront pas l'Équateur et surtout la Bolivie, malgré leur relative prospérité retrouvée dans les années 40 et 50. Seul le pétrole offrira à l'Équateur, dans les années 70, une relative prospérité.

En 1952, le Mouvement Nationaliste Révolutionnaire parvient au pouvoir en Bolivie. Il y restera jusqu'en 1964. Il nationalise les mines et exproprie les grandes propriétés au profit des communautés. L'Équateur et le Pérou connaissent un peu plus tard des réformes agraires semblables, en 1964 et 1969, respectivement, qui bouleversent profondément la société et l'économie de ces pays. En même temps, les populations rurales andines, qui connaissent une forte expansion démographique, commencent à émigrer vers les villes, en particulier celles des basses terres (Guayaquil, Lima, Santa Cruz), ce qui contribue aux bouleversements très profonds que connaissent les nations andines au cours des dernières décennies du XXe siècle: les barrières sociales rigides qui caractérisaient autrefois ces sociétés sont désormais en grande partie tombées et les disparités socio-ethniques profondes qui les caractérisaient jusqu'à il y a peu de temps, tendent à s'estomper.

SOCIÉTÉ ET IDENTITÉ

• Communautés et ethnicité

On a tendance aujourd'hui en Europe à identifier les gens qui parlent quechua comme des "quechuas". Cette confusion entre identité linguistique et identité ethnique correspond cependant davantage à l'histoire de l'Europe contemporaine qu'au contexte andin. A l'époque coloniale, le terme "quechua" n'était employé que dans un sens linguistique et ce n'est qu'au début du XIXe siècle qu'il apparaît pour la première fois, sous la plume d'intellectuels créoles, pour désigner une catégorie ethnique. Rien n'est pourtant plus étranger à l'histoire et à la réalité sociale andines qu'une telle assimilation. Nous avons vu comment les anciennes identités ethniques se sont presque totalement effacées à l'époque coloniale: plus personne ne s'identifie aujourd'hui comme **Kañari, Wanka, K'ana** ou **Lupaqa**. On est de telle ou telle communauté ou de telle ou telle région. Le parler quechua du Cuzco distingue dans son vocabulaire deux catégories ethniques: les **runa** ou "Indiens" et les **misti** ou "non Indiens". A la première catégorie appartiennent les personnes qui sont membres d'une communauté; à la seconde toutes celles qui ne le sont pas, depuis les petits agriculteurs ou petits commerçants d'un bourg de province jusqu'aux touristes étrangers, en passant par les membres de la communauté qui ont émigré et rompu leurs liens avec celle-ci. Seule l'appartennance à une communauté définit le statut d'"indigène" aux yeux de la société. L'appartennance communautaire est quant à elle fondée sur un sentiment de parenté entre ses membres, comme l'indique le terme qui la désigne en quechua, **ayllu**, qui désigne un ensemble d'éléments appartenant à une même espèce, ayant une même origine. Elle possède un territoire réputé avoir été constitué dans les temps très anciens par des êtres mythiques: les Gentils. Les membres actuels de la communauté se considèrent comme leurs héritiers, sinon comme leurs descendants et ne peuvent en principe vendre hors de la communauté aucune parcelle de ce territoire ancestral. Après la disparition des Gentils, la communauté a été refondée par un Saint ou une Vierge, qui constitue dans le présent une espèce de divinité tutellaire des membres de l'**ayllu**. La communauté possède également des terres communes, essentiellement des pâturages, et tous ses membres y ont accès à la mesure de leurs besoins. Enfin, les membres d'une communauté sont liés par des obligations de travail en commun (nettoyage des canaux, construction d'une route ou d'une école) et de réciprocité: on ne peut refuser son aide à un voisin qui vous la sollicite pour un travail agricole ou pour construire sa maison. On recevra en échange une prestation en travail équivalente (**ayni**) ou une compensation en nature (**mink'a**).

Les membres des communautés quechuaphones ne constituent en aucun cas une ethnie "quechua" dans la mesure où ils n'ont pas et n'ont jamais eu le sentiment de former, avec les quechuaphones d'autres régions ou d'autres pays (dont ils ne connaissent que très vaguement l'existence), un groupe ethnique qui se constituerait tout entier en opposition à d'autres communautés, aymarophones par exemple. Lorsque d'aventure un paysan de la région du Cuzco entre en contact avec un paysan du Callejón de Huailas, il constate que le quechua de ce dernier lui est presque aussi incompréhensible que de l'aymara. On ne peut pas davantage parler d'une "culture quechua": les différences culturelles dans les Andes se manifestent au gré des régions et des différences sociales et non selon les frontières linguistiques: sur l'altiplano péruvien, on parle quechua au nord de Puno et aymara au sud, mais cette frontière linguistique (qui ne remonte qu'à l'époque coloniale tardive) ne correspond à aucune frontière culturelle. Elle reflète des espaces économiques d'origine coloniale. On ne saurait prétendre que les membres de telle communauté quechuaphone de l'altiplano forment une même ethnie "quechua" avec les quechuaphones de telle communauté de la forêt équatorienne et que cette ethnie "quechua" se distinguerait d'une ethnie "aymara" à laquelle appartiendrait telle autre communauté aymarophone de l'altiplano? De même, on aurait bien du mal à trouver des caractéristiques culturelles "quechuas" qui uniraient ces deux communautés quechuaphones -dont les modes de vie n'ont rien de commun- et les distingueraient des communautés aymarophones? Il n'existe ni "quechuas", ni "aymaras", ni "culture quechua", ni "culture aymara" mais seulement une tradition culturelle andine, qui varie d'une région à une autre, sans que les frontières entre les différentes langues -parmi lesquelles on pourrait d'ailleurs inclure la variété andine de l'espagnol- n'interviennent dans la définition de ces identités ethniques ou culturelles.

Dans la mesure où l'indianité est indissolublement liée à l'appartenance à une communauté et à une relation spirituelle que l'on entretient avec le territoire et les ancêtres de cette communauté, l'exode rural généralisé que connaissent les sociétés andines depuis une quarantaine d'année a entraîné un phénomène massif de désindianisation. Si la majorité des Péruviens était encore "indienne" il y a une cinquantaine d'années, ces "Indiens" ne sont plus qu'une minorité aujourd'hui. Les migrants de seconde génération, souvent même de première, sont en effet considérés par les membres de leur communauté d'origine comme des **misti**. A la ville même, dès lors que la personne migrante assimile certains traits culturels urbains, on cesse de voir en elle un "Indien".

• Hétérogénéité et homogénéité culturelles

Certaines des traditions culturelles andines sont en grande partie communes à tous les groupes sociaux (éléments culinaires, certaines conceptions sur la maladie, la santé, la météorologie, etc.) tandis que d'autres sont spécifiques à chacun d'eux. Il existe ainsi une spécificité de la culture métisse (culture traditionnelle des artisans et des transporteurs des villes andines) et une spécificité culturelle des paysans des communautés. Il existait également, avant la réforme agraire, une spécificité de la culture "seigneuriale", celle des propriétaires terriens de la sierra. Toutes s'expriment, au moins en partie en quechua. Aucune n'est radicalement originale par rapport aux autres ni indépendante des autres dans son évolution. Aucune n'est "précolombienne", aucune n'est "espagnole". Il faut donc se garder de voir dans les sociétés andines une juxtaposition d'ethnies et de cultures autonomes. Pourtant, on ne saurait exagérer non plus l'homogénéité culturelle de ces sociétés. Des pratiques et des conduites peuvent être communes mais le sens que les uns et les autres leur attribuent sont parfois radicalement différents, comme c'est le cas par exemple de beaucoup de pratiques du christianisme. Les clivages culturels entre les groupes sociaux sont nettement plus marqués dans les sociétés andines que dans les sociétés européennes.

• Les glotonymes

Les quechuaphones désignent leur langue de diverses façons: d'une part **kichwa** (à Cuzco et dans le centre du Pérou) **qhiswa** (à Cuzco et en Bolivie) ou **qichwa** (à Ayacucho), et d'autre part **runasimi** (Cuzco et Ayacucho) et **yangashimi** ("langue vulgaire") à Otavalo, en Équateur.

Tous ces termes ont été forgés à l'époque coloniale. Le premier, sous les formes **qichwa** ou **qhichwa**, désigne au départ un étage écologique, celui des vallées tempérées interandines situées entre 2800 et 3500 mètres d'altitude. C'est en 1560 que ce terme apparaît appliqué pour la première fois à cette langue, dans le premier dictionnaire et la première grammaire de quechua, publiés à Valladolid par Domingo de Santo Tomás. Cette désignation devait ensuite se généraliser, sans doute d'abord chez les Créoles et les Espagnols, puis parmi l'ensemble des locuteurs. D'ailleurs, la forme que ceux-ci ont repris est souvent celle qui est passée par l'espagnol: **kichwa**, qui vient de l'espagnol "quechua". Dans la région du Cuzco, on n'emploie le terme **qhiswa** qu'occasionnellement, par purisme et soucis de correction linguistique. Nous savons qu'au XVIe siècle, dans certaines régions -dont celle du Cuzco-, la langue quechua occupait plutôt les vallées interandines irriguées, que l'on appelle **qichwa** ou **qhichwa**, tandis que l'étage écologique supérieur, celui de l'élevage des auquénidés et de la culture des tubercules, qu'on appelle selon les régions **sallqa** ou **puna**, était souvent le domaine de la langue aymara. C'est probablement cette répartition écolo-gique des langues -que l'on observe encore dans certaines régions de la Bolivie actuelle- qui a amené Domingo de Santo Tomás et ses contemporains à désigner cette langue du nom de "langue quichua", c'est-à-dire "langue des vallées".

On a souvent affirmé que **runasimi** était une désignation appliquée au quechua depuis l'époque préhispanique et qu'elle signifie "la langue des hommes". **Simi** désigne effectivement à la fois la bouche et le langage, tandis que l'un des sens de **runa** est "humain". Les groupes parlant quechua, à l'instar d'autres peuples du monde, se seraient ainsi considérés comme les seuls véritables humains, en opposition à d'autres groupes qui parlaient d'autres langues. Il est vrai que de nombreuses langues du monde, particulièrement en Amérique, sont désignées traditionnellement par des termes de ce type. Pourtant, dans le cas du quechua, cette hypothèse est contredite par tous les témoignages historiques: non seulement rien ne nous permet de penser que les locuteurs d'autres langues andines aient pu être considérés comme non humains (bien au contraire) mais surtout il est très clair que, dans les textes quechuas des XVIe et XVIIe siècles, le terme **runasimi** est employé de préférence à d'autres désignations (comme **Inkasimi** "langue de l'Inca" ou **Qusqusimi** "langue du Cuzco") seulement dans les contextes où elle s'oppose à **wiraquchasimi** "langue des Espagnols". En effet, à partir de la Conquête, le terme **runa** prend, dans certains contextes, un sens nouveau: celui d'"Indien" par opposition à "Espagnol" (**wiraqucha**). On sait en effet que lors des tous premiers contacts avec les Espagnols, les Péruviens crûrent que ceux-ci étaient non pas des êtres humains (**runa**) mais des **wiraqucha**, c'est-à-dire appartenaient à une catégorie de divinités dont ils possédaient justement certaines caractéristiques: ils venaient de la mer, beaucoup d'entre eux étaient blonds, presque tous étaient barbus, leur taille était supérieure, en moyenne, à celle des Péruviens. Même une fois dissipé le tragique malentendu, l'opposition **runa / wiraqucha** est demeurée dans la langue, prenant un sens tout à fait différent de son sens original: celui de "Indien" et "Espagnol" respectivement. Le terme **runasimi** est donc une création coloniale signifiant "langue des Indiens" par opposition à **wiraquchasimi** "langue des Espagnols". Il est encore très clair aujourd'hui que le terme de **runasimi** pour désigner la langue quechua est préféré par les gens de la ville, tandis que les paysans des communautés andines, peu attachés à une indianité qui les marginalise, évitent d'employer le terme **runasimi** et lui préfèrent **qhiswasimi** ou **kichwasimi**. L'autre interprétation possible de **runasimi**, c'est-à-dire "langue des humains", ne leur échappe cependant pas et, dans un contexte ironique, ils ne manquent pas d'y faire allusion en désignant l'espagnol comme **alqusimi** "langue de chiens".

Tout porte donc à croire qu'à l'époque précolombienne l'ensemble linguistique quechua ne possédait pas, en tant que tel, une désignation propre. Il semble plutôt qu'existaient des désignations spécifiques appliquées aux parlers de chaque ethnie quechuaphone sur la base de leur ethnonyme, comme par exemple **Inkasimi** "langue des Incas". Ce type de désignation fut d'ailleurs tout de suite appliqué à la langue espagnole que l'on appelait et que l'on appelle encore aujourd'hui **Kastillasimi** "langue de Castille ou des Castillans".

UNITÉ ET DIFFÉRENTIATION LINGUISTIQUES

• **L'expansion préhispanique du quechua**

A l'arrivée des Espagnols, l'empire inca se présentait comme une mosaïque linguistique extrêmement fragmentée: on y parlait des centaines de langues différentes qui elles-mêmes étaient souvent constituées de plusieurs variétés, déjà très différenciées les unes des autres. Chaque groupe ethnique avait en effet sa propre langue et les différents lignages qui composaient chacun de ces groupes pratiquaient parfois eux aussi des langues différentes. En outre, les territoires ethniques étaient souvent discontinus et les populations détachées dans les "îlots" écologiques que chaque ethnie contrôlait hors de son territoire nucléaire se trouvaient souvent en contact étroit avec des populations parlant d'autres langues. L'importance secondaire du commerce dans l'économie, la loyauté que les membres d'une ethnie gardaient envers les coutumes, la langue et les cultes de leur groupe d'origine garantissaient une certaine stabilité à cette situation de différentiation linguistique extrême.

Il ne faut cependant pas s'imaginer les Andes préhispaniques comme une tour de Babel où la communication n'existait pas entre les différents groupes. Des langues véhiculaires assuraient la communication interethnique et il semble justement que, depuis au moins 2000 ans, ce soient différentes variétés du quechua qui aient assumé cette fonction.

En conjuguant les données de l'archéologie, de la dialectologie quechua et de la linguistique historique, les linguistes ont essayé de reconstruire l'histoire préhispanique de l'expansion du quechua. Les résultats obtenus restent encore assez hypothétiques mais il est aujourd'hui indubitable que le quechua ne vient pas du Cuzco et qu'avant l'époque inca il avait déjà connu plusieurs vagues d'expansion dans les Andes. Son foyer d'origine est sans doute à situer quelque part entre la côte et la sierra centrales du Pérou, peut-être à Chavín, entre, 400 et 200 av. J.-C.

• Un quechua ou des quechuas?

L'ancienneté de cette expansion explique les fortes variations dialectales d'une région à une autre, parfois d'une vallée à une autre. Ces variations sont telles, dans certains cas, qu'elles ne permettent pas aux locuteurs de se comprendre. Ailleurs dans le monde, un tel degré de différentiation linguistique aurait été perçu comme définissant différentes langues au sein d'une même famille, comme dans le cas des langues romanes. Pourtant on désigne unanimement cet ensemble linguistique comme "la langue quechua" et ses locuteurs conservent jusqu'à aujourd'hui le sentiment très vif de parler une même langue, même lorsqu'ils ont connaissance de ses variations dialectales. Le fait que différentes variétés de quechua aient assumé pendant très longtemps le rôle de langue véhiculaire à travers les Andes a sans doute grandement contribué à rendre sensible à ses locuteurs l'unité de cet ensemble linguistique.

Les bouleversements sociaux et économiques amenés par la conquête espagnole entraînent aussi un bouleversement du panorama linguistique de l'ancien **Tawantinsuyu**. La variété quechua choisie par les Incas comme langue véhiculaire de leur empire n'était pas le quechua du Cuzco mais celui de la côte centrale du Pérou et des prestigieux "royaumes" de Pachacamac et de Chincha. Cette langue véhiculaire ne survit pas à la dislocation de l'empire. La proximité de Lima, la nouvelle capitale des Espagnols, la fait bien vite disparaître de son territoire original au profit du castillan. D'autre part, la dissolution des identités ethniques préhispaniques, leur remplacement par des communautés plus ouvertes sur l'extérieur (aussi bien par les mariages intercommunautaires que par le commerce et la corvée minière) favorise une forte homogénéisation linguistique des Andes au profit des deux grandes "langues générales" de l'évangélisation et de l'administration coloniale: le quechua et l'aymara. Dans les régions qui s'articulent autour de l'économie minière, les anciennes différences dialectales tendent à s'effacer et à laisser place à des formes linguistiques plus homogènes: d'une part le quechua dit "d'Ayacucho" (dans l'espace économique qui s'articule autour des mines de Huancavelica) et, d'autre part, le quechua dit "cuzquenio-bolivien" (dans le gigantesque espace qui s'articule autour de Potosí). Ces deux variétés, très proches l'une de l'autre et qui forment à leur tour ce que certains linguistes, après Alfredo Torero, appellent le "**chinchay** méridional" ou "quechua IIC", apparaissent ainsi comme des créations linguistiques essentiellement coloniales. Les parlers du centre du Pérou (appelés par les linguistes "**waywash**" ou "quechua I"), qui se trouvaient en marge des poumons économiques du vice-royaume, ont moins souffert du dynamisme du quechua méridional et constituent encore actuellement les parlers quechuas les plus archaïques.

Les missionnaires surent tirer profit de l'expansion des variétés quechuas méridionales et en firent la base d'un standard écrit, qu'ils appelèrent la "langue générale". Les lettrés créoles, mais aussi indigènes, qui la cultivaient la dotèrent de tout un capital de solutions aux problèmes de l'expression de la nouvelle culture ainsi que d'une certaine norme orthographique. Le véritable acte de naissance de ce "latin andin" se situe en 1583, lorsque le Troisième Concile de Lima réunit les principaux quechuistes de la vice-royauté afin d'établir une traduction définitive, la seule désormais autorisée, de la Doctrine Chrétienne en langue générale. C'est dans cette langue que furent ensuite rédigés presque tous les textes d'évangélisation et de catéchèse ainsi qu'une littérature profane très riche (théâtre et poésie).

Le Cuzco colonial concentrait une importante population indigène noble et créole quechuaphone et était un des centres culturels les plus importants de la vice-royauté. La noblesse inca et les Créoles du Cuzco se posaient avec fierté en héritiers des Incas précolombiens, dont ils comparaient volontiers le niveau de civilisation avec celui des Grecs et des Romains. Cela finit bien vite par accréditer l'idée selon laquelle la variante de la langue générale que l'on parlait dans le Cuzco colonial n'était autre que la langue des bâtisseurs du **Tawantinsuyu**. Ainsi, en tant que langue de la "cour" païenne puis chrétienne des Incas, elle constituait le seul "quechua légitime" ou "vrai quechua". En tant que standard administratif et littéraire, la langue générale ne devait pas survivre au régime colonial et à la disparition de la noblesse indigène. Avec l'Indépendance du Pérou et l'affirmation nationale d'une élite liménienne hispanophone, l'espagnol se substitue au quechua en tant que langue de communication supra locale.

• Le quechua cuzquénien moderne

A l'intérieur du "**chinchay** méridional" on distingue trois sous variétés: le quechua de type "ayacuchano", le quechua de type "cuzquénio-bolivien" et le quechua du nord-ouest de l'Argentine. Quoique ces trois variétés -qui à elles seules sont pratiquées par cinq ou six millions de personnes- soient mutuellement parfaitement compréhensibles, le quechua cuzquénio-bolivien se distingue de ses voisins par sa phonologie: il possède une triple série de consonnes occlusives simples (**ch**, **k**, **p**, **q** et **t**), aspirées (**chh**, **kh**, **ph**, **qh** et **th**) et glottalisées (**ch'**, **k'**, **p'**, **q'** et **t'**) là ou les quechuas d'Ayacucho et d'Argentine ne possèdent que des consonnes simples. A l'intérieur de cet ensemble "cuzquénio-bolivien" nous distinguerons encore un quechua proprement "cuzquénien" qui possède un certain nombre de spécificités par rapport au quechua de l'altiplano péruvien (à la fois plus conservateur et plus aymarisé) et de la Bolivie. Son espace coïncide avec une région économique constituée comme telle depuis des siècles. Les limites en sont à peu près la ville d'Abancay, au nord, et, au sud, La Raya, c'est-à-dire la limite de partage des eaux entre le bassin du Vilcanota et celui du lac Titicaca. Cette région du Cuzco se caractérise par son relief accidenté où s'entremêlent étroitement vallées profondes et bassins -domaine de l'irrigation et des céréales-, et pâturages échelonnés, domaine de l'élevage des camélidés et des ovins et de la culture des tubercules.

La formation de cet espace régional, tel que nous le connaissons aujourd'hui, commence à l'époque préhispanique: le territoire inca comprenait le bassin d'Anta, la vallée du Huatanay et du Vilcanota entre Urcos et Ollantaytambo, ainsi que l'actuelle province de Paruro. A l'époque coloniale s'y intègrent ce qu'on appelle aujourd'hui les "provinces hautes" du département de Cuzco jusqu'à La Raya, et les provinces de l'est de l'actuel département d'Apurimac. Le quechua cuzquénien continue aujourd'hui son expansion vers l'est et le département de Madre de Dios, grâce à la colonisation de ces régions tropicales par des quechuaphones de la sierra.

GRAMMAIRE

LES SONS ET L'ÉCRITURE

• Les phonèmes

Depuis le XVIe siècle, les européens ont souvent souligné le caractère "guttural" du quechua, en particulier dans sa variante cuzquénienne. Cette expression traduit le sentiment d'étrangeté que ressent le locuteur d'une langue romane ou germanique face à un système phonologique faisant usage d'une articulation uvulaire des consonnes (**q**, **q'** et **qh**) et possédant des séries d'occlusives glottalisées (**p'**, **t'**, **ch'**, **k** et **q'**) et aspirées (**ph**, **th**, **chh**, **kh**, **qh**). Le riche consonantisme du quechua cuzquénio bolivien peut être représenté comme suit[1]:

[1] Ne figurent pas les phonèmes qui n'existent que dans les emprunts à l'espagnol.

	Point[1]				
Modes	Lab	Dent apic	Pal	Vél	Uvul
occlusif simple	**p**	**t**	**ch**	**k**	**q**
occlusif glottal	**p'**	**t'**	**ch'**	**k'**	**q'**
occlusif aspiré	**ph**	**th**	**chh**	**kh**	**qh**
nasal	**m**	**n**	**ñ**		
vibrant		**r**			
liquide		**l**	**ll**		
fricatif		**s**		**h**	
semi-consonne	**w**		**y**		

Les voyelles sont au nombre de trois:

	antérieure	centrale	postérieure
haute	**i**		**u**
basse		**a**	

[1] Les abréviations que nous employons sont: *lab* = labiale; *dent* = dentale; *apic* = apicale; *pal* = palatale; *vél* = vélaire; *uvul* = uvulaire.

- **Prononciation approximative**

ch	tch français (tchèque): **chaki** "pied"
ch'	**ch** glottalisé (= accompagné d'une fermeture de la glotte entre l'articulation de la consonne et la libération d'air qui suit): **ch'aki** "sec"
chh	**ch** aspiré (= accompagné d'une expiration): **chhayna** "ainsi"
h	h anglais (hen): **hamuy** "venir", **muhu** "semence"
k	- c français en début de syllabe (car): **karu** "loin" - j espagnole d'Amérique en fin de syllabe (ajo): **wakcha** "pauvre"
k'	**k** glottalisé: **k'anka** "coq"
kh	**k** aspiré: **mikhuy** "manger"
l	l français (pâle): **lawa** "soupe"
ll	ll des variétés conservatrices de l'espagnol (calle): **llama** "l...is (mal): **manka** "marmite", **chumpi** "ceinture"
n	n français (nager): **nanay** "douleur", **chunka** "dix"
ñ	gn français (pagne): **ñaña** "soeur (d'une femme)"
p	- en début de syllabe: p français (pâle): **para** "pluie" - en fin de syllabe: f français (fin): **rapra** "aile"
p'	**p** glottalisé: **p'uku** "assiète"
ph	**p** aspiré: **phuru** "plume"
q	- en début de syllabe: q arabe classique (qur'an) **qara** "peau" - en fin de syllabe: fricative **atuq** "renard"
q'	**q** glottalisé: **q'ala** "tout"
qh	**q** aspiré: **qhapaq** "riche"
r	r simple espagnol (cara): **ruway** "faire", **urpi** "colombe"
s	s sourd français (sale): **sara** "maïs", **aswan** "plus"
t	t français (tard): **tantay** "réunir"
t'	**t** glottalisé: **t'anta** "pain"
th	**t** aspiré: **thanta** "usé"
w	w anglais (word): **wawa** "bébé", **p'unchaw** "jour"
y	y français (rayon): **paya** "vieille", **ayllu** "lignage"

Les voyelles **i** et **u** se prononcent toujours de façon plus ouverte que *i* et *ou* du français (quelque chose d'intermédiaire entre *i* et *é* et *ou* et *o*, respectivement). A proximité de **q**, pour des raisons articulatoires, ces deux voyelles s'ouvrent encore davantage, sans jamais pouvoir être cependant confondues avec nos *e* et *o*. **a** tend à devenir plus antérieure et haute en contact avec **ch** et **y** (**chay** [cey] "cela") et plus postérieure en contact avec **q** et **k**.

• **L'écriture**

Les anciens Péruviens représentaient des concepts sur des supports divers: bois, textiles, cordelettes à noeuds. Le peu que nous en connaissons semble montrer qu'ils ne permettaient pas de représenter des relations grammaticales entre les concepts. Il n'existait manifestement pas dans les Andes de système capable de transmettre à lui seul un message, sans l'accompagnement de la mémorisation. Les fameux quipous (du quechua **khipu** "noeud") étaient des ensembles de cordelettes sur lesquelles étaient faits des noeuds. Selon la taille et la couleur du noeud, selon aussi sa place sur la cordelette et la place de celle-ci par rapport aux autres cordelettes, on distinguait des concepts et des quantités. Ce système permettait d'assurer la transmission fiable de messages le long des routes Incas: le quipou était transmis à un messager, toujours accompagné d'un message oral; le messager transmettait ensuite le quipou et les paroles qu'il avaient mémorisées à un autre messager qui l'attendait vingt kilomètres plus loin et ainsi de suite, parfois sur plus de deux milles kilomètres. Les cordelettes à noeud garantissaient la stabilité d'un message malgré les dizaines de personnes qui intervenaient dans sa transmission. Les quipous permettaient en outre d'assurer la comptabilité des greniers de l'État. Il est probable que sans cette technique d'appui à la mémorisation de l'information, l'empire Inca n'aurait pas pu fonctionner.

Bien que ce système ait frappé l'imagination des Espagnols et que certains aient voulu y voir une "écriture", ce n'est pas aux quipous que les Péruviens assimilèrent l'alphabet que les Espagnols avaient amené dans les Andes mais aux signes qu'ils représentaient sur du bois et des textiles. En effet, le terme qui signifie aujourd'hui "écrire" est le verbe **qillqa-** qui désignait les représentations préhispaniques sur tissu et sur bois, et dont les fonctions semblent avoir été plus religieuses et moins pratiques que celles des quipous. La tradition d'enregistrer des informations sur des cordelettes à noeud et des textiles n'a d'ailleurs pas disparu. Certaines communautés continuent d'utiliser les quipous pour tenir leur comptabilité, et la tradition de représenter des concepts sur des textiles se maintient un peu partout dans les Andes.

L'écriture à strictement parler arrive donc au Pérou en même temps que les Espagnols. Malgré la relative consistance des normes établies par le Troisième Concile de Lima en 1583 pour la représentation de la langue, celles-ci n'ont jamais été observées par la totalité de ceux qui écrivaient. Dès le début du XVIIe siècle, les cuzquéniens en particulier, s'efforcent de représenter avec exactitude, quoique de façon inconsistante, les particularités de leur propre variété linguistique. Le chaos orthographique grandit avec l'avénement des républiques indépendantes et la décadence de la langue générale. N'ayant plus guère d'opportunités de s'adresser à des lecteurs autres que très locaux, les écrivains régionaux adoptent des solutions graphiques qui prétendent coller au plus près de leur propre prononciation du quechua. A l'intérieur même de la région cuzquénienne, aucune norme n'émerge de ces efforts, en sorte qu'au début du XXe siècle il n'est pas exagéré de dire que chaque personne écrivant le quechua possède sa propre "orthographe", généralement très peu cohérente d'un point de vue phonologique.

A partir des années 1950, les premières applications de la linguistique au domaine quechua et les premières transcriptions à base phonologique commencent à répandre l'usage du signe **q** pour représenter l'occlusive uvulaire (solution empruntée à la graphie normalisée de l'arabe en caractères latins), de **k** pour l'occlusive vélaire ainsi que de l'apostrophe **'** et du **h** pour représenter respectivement les glottalisations et aspirations des occlusives. On cesse alors peu à peu d'employer les faisceaux de consonnes lourds et imprécis que l'on utilisait depuis le XVIIe siècle pour noter les consonnes du quechua: **cc**, **ccj**, **kk**, **ck**, **qqu**, **pp**, **tt**, **chj**, etc. C'est à la même époque que certains commencent aussi à écrire le quechua avec trois voyelles -ce qui correspond à la réalité de son système phonologique- et non plus avec les cinq voyelles qu'ont tendance à pervevoir les hispanophones sous l'influence de l'espagnol.

Nous adoptons ici le système de représentation graphique qui a été retenu par les linguistes, les enseignants des programmes d'éducation bilingue et une partie importante des quechuaphones qui écrivent leur langue. Ce système, qui ne reconnaît que trois voyelles (**a**, **i**, **u**), a été officialisé au Pérou par résolution ministerielle en 1985 et, à quelques détails près, est le même qui est reconnu par le ministère bolivien de l'éducation. Il est à la fois pratique et proche du système phonologique quechua.

Certaines personnes, de moins en moins nombreuses mais qui comptent parmi elles les membres de l'Académie Péruvienne de la Langue Quechua (créée en 1953), persistent dans l'emploi de cinq voyelles (**a**, **e**, **i**, **o**, **u**). Cette difficulté à prendre ses distances par rapport à une perception hispanophone du quechua s'explique essentiellement par des facteurs idéologiques: les académiciens, qui font partie d'une élite sociale urbaine, s'estiment seuls détenteurs du "vrai quechua", à l'exclusion des paysans des communautés rurales. Ils ne considèrent donc comme référence que leur propre pratique linguistique, phonétiquement assez influencée par l'espagnol. Nous écrirons quant à nous **qura**, pour **[qΩra]** "herbe", et non **qora**, considérant que la première voyelle de ce terme est un /**u**/ rendu légèrement ouvert par l'influence articulatoire de l'uvulaire /**q**/, et non pas une unité phonologique distincte. Seul le filtre de l'espagnol peut faire percevoir le /**u**/ ouvert de **qura**, vaguement assimilable d'un point de vue phonétique à un "o" de l'espagnol, comme une "voyelle" différente du /**u** /de **tura** "frère".

Nous employons la graphie **sh** pour représenter un son proche du [ch] du français *chien*. Ce son n'apparaît que dans le progressif **-sha-** et dans certains termes, en fin de syllabe, comme résultat de l'érosion d'un ancien **ch** (ex. **kish.ka** < **kich.ka** "épine"). Il ne constitue donc pas un véritable phonème, raison pour laquelle nous ne l'avons pas inclus dans le tableau ci-dessus. Certaines zones de la région du Cuzco ont d'ailleurs poussé sans inconvénients cette évolution jusqu'à transformer systématiquement **sh** en **s**. Ainsi le terme que nous écrirons ici sous la forme **kishka** "épine" se prononce-t'il maintenant dans beaucoup d'endroits **kiska**. Nous avons choisi en général de représenter les mots quechuas dans la forme la plus archaïque qu'il peuvent encore prendre dans la région du Cuzco. Il sera d'ailleurs plus facile pour une personne apprenant le quechua de reconnaître éventuellement dans des formes plus évoluées les termes qu'elles ont appris à connaître sous une forme plus archaïque, que l'inverse. Ces variations phonétiques sont de toutes façons suffisamment faibles pour passer inaperçues des locuteurs.

La phonologie du quechua cuzquénio-bolivien possède des caractéristiques qui le distinguent assez radicalement des autres variétés de la langue. D'une part, en raison de ses séries d'occlusives glottalisées et aspirées (probablement empruntées à l'aymara), d'autre part parce que les consonnes placées en fin de syllabe ont subi une forte érosion: ainsi à Cuzco **mut.khi-** "sentir (avec l'odorat)" est devenu **mus.khi-**, **qull.qi** "argent" **qul.qi**, **kach.kan** "il est" **kash.yan**, voire **kas.yan** ou même **ka.shan**. Or, ce processus ne se manifeste pas au même degré selon les endroits. Afin de doter le quechua, du moins dans sa variante méridionale, d'une graphie unifiée, les linguistes et les éducateurs préconisent aujourd'hui de restituer dans l'écriture les consonnes étymologiques de fin de syllabe, consonnes d'ailleurs conservées dans toutes les autres variétés quechuas. On écrirait alors **mutkhi-**, **qullqi** et **kachkan**. Dans cet ouvrage, nous avons préféré ne pas dérouter le lecteur en lui proposant une représentation graphique éloignée de la prononciation réelle de la variété que nous décrivons. Nous ne restituons donc pas ces consonnes. Cependant, dans le lexique qui figure à la fin de l'ouvrage, nous faisons figurer entre crochets ces graphies normalisées, du moins lorsqu'elles diffèrent de la représentation que nous avons adoptée. Cela ne pourra que faciliter au lecteur l'approche d'une autre variété quechua.

• **La représentation des emprunts**

Le quechua a fait de nombreux emprunts à l'espagnol depuis le début de l'époque coloniale. Au cours des derniers siècles, sa relative marginalisation dans la société a entamé la capacité de la langue à nommer les réalités nouvelles à partir de ses propres moyens: lorsque des éléments nouveaux sont incorporés à la culture des quechuaphones, ceux-ci ont de plus en plus tendance à incorporer à leur langue des termes espagnols pour les nommer. La prononciation d'un emprunt varie à la fois selon son degré d'intégration à la langue et selon le degré de connaissance de l'espagnol que possède le locuteur. En général, les emprunts les plus anciens ont été adaptés au système phonologique et au patron syllabique quechuas et sont prononcés par tous comme des termes natifs, les locuteurs n'ayant en principe pas conscience de leur provenance étrangère. Nous les écrirons donc comme tels:

alayri visible, évident (< esp. "alarde")
hasut'i- fouetter (< esp. "azote")
hawas fève (< esp. "haba(s)")
phiru dangereux (en raison d'une présence surnaturelle maléfique) (< esp. "fiero")
sirwi- faire des offrandes (< esp. "servir")
waka vache, taureau (< esp. "vaca")
yuka- tromper, escroquer (< esp. amér. "enyucar")

Plus problématique est la notation des termes plus récemment intégrés à la langue ou qui ont été "réhispanisés" dans leur prononciation par les personnes bilingues. Ces termes sont prononcés de façon différente selon le degré d'hispanisation des locuteurs. Faut-il écrire **tropa**, **trupa** ou **turupa** pour "troupeau"? Ou encore **regidor**, **rehidor** ou **rihirur** pour "conseiller municipal"? En d'autres termes, faut-il fonder la représentation graphique d'un emprunt sur sa prononciation réelle par un monolingue, ou bien sur ce que celui-ci devrait prononcer si aucune influence de l'espagnol, même indirecte, ne s'exerçait sur lui? Ou encore faut il établir que tout emprunt, quel que soit son degré d'intégration à la langue, s'écrira comme en espagnol?

Aucune tendance au consensus ne se manifeste autour de ces problèmes. L'Académie et les instituteurs tiennent le plus souvent à écrire à l'espagnole tous les emprunts, y compris les plus anciens et les mieux intégrés à la langue. Les académiciens sont pour leur part hostiles à tout ce qu'ils considèrent comme des mélanges: le quechua ne peut être rien d'autre que la langue des Incas, les "Indiens", même monolingues, ne sauraient donc servir de référence en matière de correction linguistique puisqu'ils ne savent pas parler correctement la langue des anciens maîtres du **Tawantinsuyu**. Aucun terme d'origine espagnole ne pourra donc être considéré comme quechua ni représenté comme tel. Les instituteurs, quant à eux, croient éviter ainsi à leurs élèves les confusions orthographiques qu'entrainerait une représentation différente dans les deux langues pour un terme ayant la même origine. De nombreuses personnes engagées dans la revalorisation de la langue et l'élaboration de textes écrits quechuisent au contraire systématiquement et entièrement tous les termes d'origine espagnole, au-delà même de la prononciation réelle des personnes monolingues. Ils cherchent par là à affirmer que le quechua ne saurait être dépendant de l'espagnol dans sa représentation graphique et que son intégrité phonologique doit être revendiquée par une orthographe rigoureusement puriste. Comme on pouvait s'y attendre, les débats sur l'orthographe du quechua sont bien davantage des débats idéologiques que des débats strictement techniques ou linguistiques.

En l'absence de toute norme, nous choisirons de représenter ici les emprunts tels que les prononcent en réalité les personnes monolingues et non tels qu'elles devraient les prononcer dans une situation idéale et théorique où l'influence, même indirecte, de l'espagnol ne se ferait pas sentir. Les termes les moins susceptibles de figurer dans le lexique de ces personnes seront écrits selon leur orthographe espagnole. Cette solution aura au moins le mérite de permettre au lecteur de distinguer le degré d'intégration des différents emprunts à la langue quechua.

LA FORMATION DES MOTS ET DES PHRASES

Le mot quechua se compose d'une base nominale à laquelle on ajoute éventuellement des suffixes ou d'une base verbale à suffixation obligatoire. A Cuzco, nous avons relevé une centaine de suffixes, sans compter les formes diverses que peuvent prendre certains d'entre eux en fonction de ce qui les entoure. Ces suffixes permettent d'exprimer des relations grammaticales ainsi que de nombreux concepts. A la plupart de ces suffixes ne correspond qu'un seul signifié et il ne se produit que peu de fusions ou amalgames de suffixes. Certains mots, peu fréquents, peuvent comporter une dizaine de suffixes et les mots à cinq ou six suffixes ne sont pas du tout rares.

La morphologie (c'est-à-dire l'ensemble des suffixes) du quechua cuzquénien est à la fois parmi les plus riches du monde quechuaphone et parmi celles qui ont évolué de la manière la plus spécifique, probablement du fait de l'influence d'un substrat et de l'éloignement du Cuzco par rapport au foyer original de la langue. Nous distinguerons des suffixes nominaux (= qui ne s'ajoutent qu'à des thèmes nominaux), des suffixes verbaux (= qui ne s'ajoutent qu'à des thèmes verbaux) et des particules, susceptibles de s'ajouter à un nom comme à un verbe. Il existe aussi des exclamations, des onomatopées ainsi que quelques termes (**arí** "oui", la négation **mana**, la prohibition **ama**, **icha** "peut-être" et **ña** "déjà, désormais") qui ne peuvent être assimilées à des verbes ni à des noms.

L'ordre des syntagmes[1] n'est pas rigide mais il existe un ordre naturel que l'on peut altérer si l'on veut détacher particulièrement un des syntagmes de la phrase. Cet ordre est:

---

[1] Nous appelons "syntagme" une unité (constituée de un ou plusieurs éléments) possédant une fonction grammaticale dans la phrase. Par exemple, en français, la phrase "le vieil homme entre dans la petite maison" comporte trois syntagmes: "le vieil homme", "entre" et "dans la petite maison".

alqu **aycha-ta** **mikhu-n**
(le chien) (la viande) (mange)
Sujet Objet Verbe
le chien mange la viande

Contrairement au français, ce n'est pas leur place dans la phrase qui distingue le sujet et l'objet du verbe mais la morphologie: **alqu** ne porte pas de marque de cas et représente donc le sujet, alors que l'objet (**aycha**) porte la marque de l'accusatif (**-ta**). Lorsqu'ils ne sont pas nombreux, la plupart des compléments se comportent comme l'objet et apparaissent avant le verbe.

NOM, PRONOM, PLURIEL, POSSESSIFS

• Nom et adjectif

L'adjectif est toujours placé avant le nom:

hatun llaqta grande ville
sumaq t'ika belle fleur

Le nom peut occuper les fonctions d'adjectif. Il est alors lui aussi placé avant le nom adjectivé:

Lima llaqta la ville de Lima
killa tukuy la fin du mois

• Pronoms personnels

Le quechua cuzquénien compte sept personnes: trois au singulier et quatre au pluriel car on distingue un "nous" exclusif, qui exclut la personne à laquelle on s'adresse, d'un "nous" inclusif, qui inclut la personne à laquelle on s'adresse. Les pronoms qui les désignent sont les suivants:

SING.	1	**ñuqa**	je
	2	**qan**	tu
	3	**pay**	il
PLUR.	1 excl.	**ñuqayku**	nous
	1 incl.	**ñuqanchis**	nous
	2	**qan-kuna**	vous
	3	**pay-kuna**	ils

Il existe également un pronom de politesse équivalent un peu à notre vouvoiement: **persona-yki** (litt.: "ta personne"). On le conjugue à la deuxième personne:

<u>persona-yki</u> hamu-nki vous (sing.) viendrez

• **Pronoms démonstratifs**

Il existe trois pronoms démonstratifs:

kay ceci
chay cela
haqay cela là-bas

Comme tous les noms, ces pronoms ont aussi fonction d'adjectifs:

chay alqu mikhu-n ce chien a mangé

• **Pronoms interrogatifs**

ima que, quoi
pi qui
may quel
mayqin lequel
hayk'a combien
hayk'aq quand
imayna comment

On les combine avec les marques de cas. En général, le pronom interrogatif ou le groupe interrogatif porte une des particules suivantes: **-mi/-n, -taq, -si/-s**[1]. L'assertif **-mi/-n** est plus pressant:

may-pi-n ka-nki? où es-tu?
may-ta-n ri-nki? où vas-tu?
imata-ta-n muna-nki? qu'est-ce que tu veux?

tandis que le contrastif **-taq** est plus poli:

---

[1] Pour certains suffixes, nous présentons deux variantes conditionnées par leur contexte phonétique que nous séparons par une barre oblique: la forme longue est utilisée après consonne (**lapis-mi** "c'est un stylo") tandis que la forme abrégée est utilisée après voyelle (**punku-n** "c'est une porte").

ancha-ta-n agradisi-ku-yki. Ima-wan-taq kuti-chi-sqa-yki? je te remercie beaucoup. Comment (litt. "avec quoi") vais-je donc te rendre [la pareille]?

Lorsque l'on interroge quelqu'un non pas sur ce dont il a été témoin mais sur ce qu'il a entendu dire, on emploi **-si/-s** à la place de **-mi/-n**:

may-manta-s̲ chay runa hamu-n? d'où (d'après ce qu'on dit) vient cet homme?

• **Pluriel**

Il n'y a pas d'opposition absolue entre singulier et pluriel en quechua. La marque de pluriel **-kuna** sert à spécifier la non singularité lorsque cela est nécessaire. L'absence de la marque du pluriel n'implique donc pas forcément singularité mais que l'on envisage une catégorie plutôt qu'une pluralité d'individus:

uha-ta michi-ni je fais paître les brebis

Les objets qui se présentent normalement sous forme de paires ne se pluralisent que rarement:

ninri-y mes oreilles
maki-yki tes mains
ñawi-n ses yeux

Le pluriel **-kuna** servant essentiellement à lever une ambiguité, on ne l'utilise jamais lorsqu'on a déjà un quantificateur ou un numéral:

iskay wasi deux maisons
chunka llama dix lamas
ashkha chakra beaucoup de champs

Les termes désignant des êtres humains échappent souvent à cette règle, parce que, étant dotés d'une individualité plus forte que toute autre chose, on les considère plus volontier comme un ensemble de plusieurs individus que comme une catégorie globale:

iskay runa-kuna-ta riku-ni j'ai vu deux personnes

Le pluriel ne se marque généralement qu'une fois dans la phrase. Ainsi lorsque le sujet porte **-kuna**, il n'est pas nécessaire de mettre aussi le verbe au pluriel:

runa-kuna tusu-n les gens dansent

On ne fait pas non plus l'accord de nombre avec les adjectifs:
sumaq runa-kuna de gentilles personnes
chay runa-kuna-qa sumaq-mi ces gens sont gentils

• **Suffixes possessifs**

SING.	1ère	**wasi-y**	ma maison
	2ème	**wasi-yki**	ta maison
	3ème	**wasi-n**	sa maison
PLUR.	1ère excl.	**wasi-yku**	notre maison
	1ère incl.	**wasi-nchis**	notre maison
	2ème	**wasi-ykichis**	votre maison
	3ème	**wasi-n-ku**	leur maison

Le suffixe **-ku** pluralise les 1ère et 3ème personnes tandis que le suffixe **-chis** pluralise la 2ème. La 1ère personne du pluriel inclusive peut être utilisée à la place de la 2ème personne du singulier comme marque de respect:

wasi-nchis votre maison (sing.)

Lorsque le thème nominal auquel ces suffixes s'ajoutent se termine par une consonne, les suffixes possessifs sont précédés par l'appui phonétique **-ñi-:**

biyulin-ñi-y mon violon

La marque du pluriel se place après le possessif:

wasi-y-kuna mes maisons

A la première personne inclusive et la troisième personne du pluriel, la syllabe **ku** n'est pas répétée:

wasi-y-kuna nos maisons (homophone de "mes maisons")
wasi-n-kuna leurs maisons (homophone de "ses maisons")

A la racine nominale peuvent s'ajouter des suffixes permettant la formation de nouveaux substantifs:

• Le diminutif -CHA

Forme des diminutifs:

wasi-cha petite maison
Pawlu-cha Pierrot

• Le possessif -YUQ

Forme un nom désignant une entité caractérisée par la possession de ce que désigne le thème nominal:

wasi-yuq le propriétaire de la maison
qulqi-yuq riche (litt. "qui a de l'argent")
ñawi-yuq lettré ("qui possède des yeux [pour lire]")

Lorsque le thème nominal se termine par une consonne, on fait précéder **-yuq** de l'appui **-ñi-:**

muna-y-ñi-yuq puissant (litt. "qui a de la volonté")

• L'augmentatif -SAPA

Forme un nom désignant une entité caractérisée par la possession d'une grande quantité de ce qu'exprime le thème nominal:

wira-sapa très gros (appliqué à une personne)
qulqi-sapa qhari un homme très riche

• Le totalisateur -NTIN

Forme un nom désignant une entité pourvue de ce qui est désigné par le thème nominal comme de son complément naturel:

p'acha-ntin unu-man hayku-n il est entré dans l'eau tout habillé (litt. "pourvu de ses habits")
ayllu-ntin chaya-mu-n il est arrivé avec sa famille
p'unchaw-ñi-ntin-ta llank'a-n il travaille toute la journée (c'est-à-dire "la journée complète, dont toutes les parties sont ensemble")

Ajouté à un chiffre il indique que l'on considère une série d'éléments comme formant un ensemble complet:

kimsa-ntin-ta riku-ni je les ai vus tous les trois (ensemble)

• Le partitif -N

Étymologiquement issu du possessif de 3ème personne, il forme un nom désignant une partie ayant ce qu'exprime le thème nominal pour caractéristique par rapport aux autres parties d'un ensemble:

sapa sawaru-n tous les samedis (litt. "chaque samedi [de la semaine]")
huk p'unchaw-ñi-n le lendemain (litt. "son autre jour" = "l'autre jour complémentaire, contigu à ce jour-là")
ura-n-pi tiya-n il vit dans la partie du bas (litt. "dans son bas [de la communauté])
ñawi-n tayanka-ta maska-n il a cherché le [bois de] **tayanka** le meilleur (litt. "son oeil")

• **L'approximatif -ÑIQ**

Forme un nom désignant les environs de l'endroit désigné par le thème nominal:

haqay-ñiq-manta-n hamu-n il est venu de par là-bas
mayu-ñiq-pi-n tiya-n il habite du côté de la rivière

• **Le numéral -ÑIQIN**

Étymologiquement composé de l'approximatif **-ñiq** et du partitif **-n**, il signifie littéralement "élément ou partie qui est vers" et sert exclusivement à former des adjectifs ordinaux (cf. "la numération"):

huk-ñiqin premier
suqta-ñiqin sixième

Ce suffixe n'est plus employé dans la langue parlée mais il reste connu de la plupart des locuteurs grace à la la tradition littéraire.

• **L'assimilatif -ÑIRAQ ~ -ÑIRAY**[1]

Forme un nom qui désigne quelque chose possédant à peu près les caractéristiques de l'adjectif auquel il s'ajoute:

puka-ñiraq rougeâtre, qui tire sur le rouge
huk-ñiraq différent (= qui ressemble à autre chose)

• **Le compositeur -Y**

Forme des mots composés:

unu-y-para-ta waqa-ni je pleure une pluie de larmes
yana-y-yana très noir

On peut éventuellement l'observer sur les deux noms qui forment le mot composé lorsque ceux-ci sont identiques:

q'illu-y-q'illu-y jaune intense

• **Le positionnel -MPA**

Forme un nom désignant la position caractérisée par l'élément désigné par la racine. Il entre le plus souvent dans la formation d'adverbes de position à l'ablatif:

uya-mpa-manta laq'a-rqu-ku-ni je suis tombé sur la figure

• **L'interactif -PURA**

Signale une pluralité d'éléments qui dépasse la simple addition pour former un ensemble, c'est-à-dire ayant les uns avec les autres une relation de contigüité, intéraction, parenté, complémentarité, etc.:

---

[1] Nous indiquons par le signe ~ que deux formes d'un même suffixe sont employées de façon apparemment indifférente.

wawqi-pura anya-na-ku-n-ku ils se disputent entre frères (alors qu'ils sont unis par des relations de parenté)
lluthu-wan hamp'atu-wan-si wasi-pura-lla tiya-ku-n-ku on raconte la perdrix et le crapaux étaient voisins (litt. "ils vivaient une maison contre l'autre")

LA NUMÉRATION

Le système numéral quechua est décimal et les dix premiers chiffres sont:

1	**huk**	6	**suqta**
2	**iskay**	7	**qanchis**
3	**kinsa**	8	**pusaq**
4	**tawa**	9	**isqun**
5	**pisqa**	10	**chunka**

Cent se dit **pachak** et mille **waranqa**. Les autres nombres sont des composés de ces cardinaux. Pour construire les nombres de dix à dix-neuf, on fait suivre **chunka** du chiffre de l'unité ajoutée à dix. Mais il faut adosser à celui-ci le suffixe **-yuq** (précédé de l'appui **-ñi-** après consonne) qui signifie "pourvu de, possesseur de": ainsi "onze" se dit **chunka huk-ñi-yuq** "dix pourvu de un", "douze" **chunka iskay-ñi-yuq**, "treize" **chunka kinsa-yuq**, etc. "Vingt" se dit "deux (fois) dix" **iskay chunka**, "trente" "trois (fois) dix" **kinsa chunka**, etc. "Vingt et un" **iskay chunka huk-ñi-yuq**, "deux cents" **iskay pachak**, "mille neuf cent quatre vingt dix-sept" **waranqa isqun pachak isqun chunka qanchis-ñi-yuq**, etc. Mais en réalité, pour les dates comme pour les heures, on utilise le plus souvent la numération espagnole. Celle-ci en effet s'avère moins lourde lorsqu'il s'agit de désigner des quantités à la fois grandes et précises qui sont de plus étroitement liées à la culture urbaine hispanophone.

Les érudits utilisent le terme **hunu** pour désigner le million. Cet archaïsme n'est cependant pas compris par la majorité des locuteurs.

Les ordinaux se forment avec le suffixe **-ñiqin** (cf. supra) ou avec le verbe **ka-** "être" et l'agentif **-q**: **ka-q** "qui est".

kinsa-<u>ñiqin</u> wasi ou **kinsa kaq wasi** la troisième maison

La première forme est tombée en désuétude dans la langue parlée mais se maintient dans la littérature et le discours liturgique; la seconde est couramment usitée.

LES VERBALISATEURS

Les verbalisateurs permettent de transformer un nom en verbe. Le quechua cuzquénien en compte trois mais ils ne peuvent être apposés qu'à certains noms:

• Le transformatif intransitif -YA-

Indique que le sujet se transforme en ce qui est désigné par la racine nominale:

tuta-<u>ya</u>-n la nuit est tombée (litt. "c'est devenu nuit")
wira-<u>ya</u>-ni j'ai grossi

• Le transformatif transitif -CHA-

Indique que le sujet élabore, produit, fait ce qui est désigné par la racine nominale:

wasi-<u>cha</u>-n il construit une maison
alqu-<u>cha</u>-n il insulte (litt. "il fait chien")

• L'extractif -RA-

L'emploi de ce suffixe (d'origine aymara) est encore plus restreint que celui des précédents. Il indique que le sujet enlève à quelque chose ce qui est désigné par la base nominale:

q'ipi-<u>ra</u>-yku-n il a enlevé le fardeaux (du dos du lama)
wallpa-ta phuru-<u>ra</u>-nki tu plumeras le poulet

LES CAS

Les suffixes de cas signalent la fonction grammaticale du substantif auquel ils s'adossent. A l'exception de quelques adverbes de temps, un syntagme nominal ne portant pas de marque de cas ne peut être que le sujet de la phrase, ou une adjectivation du sujet. Il existe douze cas:

• L'accusatif -TA

Signale le terme de l'action. Celui-ci peut-être l'objet sur lequel s'exerce l'action:

t'anta-ta mikhu-ni j'ai mangé du pain
Martin-ta willa-n il avertit Martin

ou, avec un verbe de mouvement, le terme du mouvement:

Lima-ta ri-ni je suis allé à Lima

L'accusatif permet aussi de construire des adverbes:

allin-ta llank'a-n il travaille bien
sumaq-ta tusu-n il danse bien
lunis-ta hamu-nqa il viendra lundi

• Le génitif -PA / -Q

Le cas génitif possède deux formes: **-q** après voyelle et **-pa** après consonne. Il signale le possesseur tandis que le terme désignant ce qui est possédé porte obligatoirement un possessif:

Pedro-q wasi-n la maison de Pierre ("de Pierre sa maison")
Juan-pa wasi-n la maison de Jean ("de Jean sa maison")
ñuqa-p wasi-y ma maison à moi ("de moi ma maison")
qan-pa wasi-yki ta maison à toi ("de toi ta maison")

Après voyelle le génitif peut parfois apparaître sous une forme redoublée: **-qpa**:

Pedro-q-pa wasi-n la maison de Pierre

Surtout lorsque le terme au génitif prend une fonction de nom:

Pedro-q-pa-pi ka-sha-n il est chez Pierre (litt. "dans celle de Pierre")

La marque du génitif se place après une marque de possessif:

tayta-y-pa wasi-n la maison de mon père

et de pluriel:

Inka-kuna-q timpu-n-pi au temps des Incas

• **L'allatif -MAN**

Signale le point vers lequel s'oriente l'action (1) ou, s'il n'y a pas mouvement, ce vers quoi elle est tournée (2):

chay ñan-qa Qusqu-man ri-n cette route va au Cuzco (1)
manka-man chura-yku-n elle l'a mis dans la marmite (1)
ima-man-mi hamu-rqa-nki? pour [chercher] quoi es-tu venu? (1)
punku-man saqi-yku-n il l'a laissé devant la porte (2)

• **L'ablatif -MANTA**

Signale le point de départ ou l'origine de l'action (1), la matière dont est faite une chose (2) ou le thème dont on parle (3):

chakra-manta hamu-sha-n (1) il vient du champ

ladrillu-manta wasi-ta ruwa-sha-n-ku (2) ils construisent une maison en briques
ñuqa-manta rima-sha-n-ku (3) ils parlent de moi

• **Le locatif -PI**

Signale la localisation spatiale ou temporelle:

Paris llaqta-pi tiya-ni je vis à Paris
tuta-kuna-pi puri-n il marche la nuit

Indique aussi le moyen de transport:

tren-pi en train
karru-pi en voiture
kawallu-pi à cheval

ou encore le prix:

hayk'a-pi chay-ta winti-nki? [à] combien vends-tu cela?
pisqa sulis-pi à cinq sols

• **L'instrumental -WAN**

Signale ce qui accompagne ou est l'instrument du sujet dans la réalisation de l'action. Il équivaut souvent à notre "avec":

qan-wan-mi rima-y-ta muna-ni je veux parler avec toi
chaki taklla-wan yapu-n-ku chakra-ta ils labourent leur champs avec une bêche

Permet aussi d'exprimer la coordination:

t'anta-ta-wan misk'i-ta-wan apa-mu-nki tu amèneras du pain et des bombons

• **L'associatif -PUWAN ~ -PIWAN**

Signale ce qui s'associe ou se combine étroitement à un autre élément comme les parties d'un même ensemble:

Pedro-puwan tusu-yku-sha-n-ku elle danse "unie" à Pedro
Pedro-puwan Juan-puwan pasa-rqu-n-ku Pierre et Jean ont rapidement traversé ensemble

• **Le bénéfactif -PAQ**

Signale le bénéficiaire ou le destinataire (1), la destination ou le but d'une action (2), ou encore le moment pour lequel on prévoit la réalisation de l'action (3). Il équivaut souvent à notre "pour":

tayta-yki-paq-mi chay aqha-qa ka-sha-n cette bière de maïs est pour ton père (1)
uqa-ta apa-mu-sqa wayk'u-ku-na-n-paq elle emporta la oca pour (se) la cuisiner (2)
misa uras-paq hamu-n-ku ils sont venus pour l'heure de la messe (3)
chaya-mu-na-n-ku-paq mana mikhuna ka-pu-n-chu il ne restait plus à manger (pour) quand ils sont arrivés (3)

• **Le comparatif -HINA**

Signale un terme de comparaison. Il équivaut souvent à notre "comme":

khuchi-hina-n mikhu-n il mange comme un cochon
ususi-n-ta-hina-n muna-rqa-sunki il t'aimait comme sa propre fille

On peut apposer ce suffixe à un verbe:

yacha-nki-hina-pas manu manu-ta-n saqi-wa-n-ku comme tu le sais sans doute, ils m'ont laissé plein de dettes

• Le terminatif -KAMA

Signale la limite de l'extension spatiale ou temporelle embrassée par l'action:

Qusqu-kama-n ri-sha-ni je vais jusqu'au Cuzco
chumpi-n-ta paka-rqu-sqa baña-ku-sha-na-n-kama il lui cacha sa ceinture pendant qu'elle se baignait

Indique souvent que le groupe nominal auquel il est apposé constitue une série entièrement impliquée dans l'action:

llama-manta punchu-yuq-kama ka-sqa-ku ils avaient tous des ponchos en lama

• Le causatif -RAYKU

Signale le motif de la réalisation ou non réalisation d'une action ou d'un état, ce motif pouvant être éventuellement la cause finale de l'action:

puñu-rqa-pu-sqa-ni-n, chay-rayku-n chay-raq chaya-mu-sha-ni je m'étais endormi, c'est à cause de cela que j'arrive à peine
ima-rayku-n qina-ta phuku-n? pourquoi joue-t'il de la quena?
llaki-y-ñi-n-ta upalla-chi-na-n-rayku-n qina-ta phuku-n il joue de la quena pour faire taire son chagrin
ñuqanchis-rayku-n Thupa Amaru wañu-rqa-n c'est pour nous que Tupac Amaru est mort
ama chay-ta ruwa-y-chu aswan muna-sqa-yki-rayku! au nom de ce que tu as de plus cher, ne fais pas cela!

• Le translatif -NTA

Signale l'espace à travers lequel se réalise l'action. Il est précédé de l'appui **-ñi-** après consonne:

chay ñan-ñi-nta puri-y suit ce chemin (litt. "marche à travers ce chemin")

LE VERBE:
personnes, temps, modes, aspect

Alors que les noms peuvent apparaître dépourvus de tout suffixe, les verbes requièrent toujours au moins un suffixe personnel ou nominalisant. Nous présentons cependant dans le lexique et dans nos explications les verbes sous leur forme abstraite suivie d'un tiret indiquant qu'en réalité ils ne peuvent apparaître à l'état pur: **rima-** parler.

• Le temps non marqué

Il s'agit d'une conjugaison où le temps n'est pas exprimé, seule l'est la personne:

sing	*1ère*	**muna-ni**	je veux
	2ème	**muna-nki**	tu veux
	3ème	**muna-n**	il veut
plur	*1ère excl.*	**muna-yku**	nous voulons
	1ère incl.	**muna-nchis**	nous voulons
	2ème	**muna-nki-chis**	vous voulez
	3ème	**muna-n-ku**	ils veulent

Le suffixe **-ku** pluralise les 1ère et 3ème personnes tandis que le suffixe **-chis** pluralise la 2ème.

Le temps non marqué désigne d'une part des vérités générales ou une action qui caractérise le sujet, que celui-ci accomplit par habitude ou définition:

qillqa-n rima-n l'écrit parle (c'est-à-dire "demeure, témoigne", proverbe quechua équivalent de notre "scripta manent")
luru-n rima-n les perroquets parlent

D'autre part il désigne une action s'étant accomplie dans un passé proche, considéré comme faisant partie du moment présent:

mikhu-n il a mangé (maintenant)

Dans la narration de faits passés, la marque du passé ne porte le plus souvent que sur le premier verbe du récit. Le quechua fait volontiers l'économie des marques de temps sur les verbes qui viennent ensuite.

• **Le prétérit**

Le prétérit désigne toute action appartenant à une époque passée présentée comme séparée du moment présent, à l'exception des cas spécifiques où on éprouvera le besoin d'employer le parfait ou un des passés habituels. On forme le prétérit en intercalant le morphème **-rqa-** entre le thème verbal et la marque de personne verbale:

sing	*1ère*	**muna-rqa-ni**	je voulus
	2ème	**muna-rqa-nki**	tu voulus
	3ème	**muna-rqa-n**	il voulut
plur	*1ère excl.*	**muna-rqa-yku**	nous voulûmes
	1ère incl.	**muna-rqa-nchis**	nous voulûmes
	2ème	**muna-rqa-nki-chis**	vous voulûtes
	3ème	**muna-rqa-n-ku**	ils voulurent

• **Le parfait**

Le parfait désigne des faits advenus alors que celui qui parle n'en était pas conscient, qu'il n'en a pas été le témoin, en son absence, sans qu'il le sache. Pour l'obtenir, on intercale entre la racine et la flexion personnelle le suffixe **-sqa**. Aux troisièmes personnes du singulier et du pluriel, la marque de personne n'apparaît pas. Seule apparaît au pluriel la marque de pluralisation **-ku**:

sing	*1ère*	**muna-sqa-ni**	j'avais voulu
	2ème	**muna-sqa-nki**	tu avais voulu
	3ème	**muna-sqa**	il avait voulu
plur	*1ère excl.*	**muna-sqa-yku**	nous avions voulu
	1ère incl.	**muna-sqa-nchis**	nous avions voulu
	2ème	**muna-sqa-nki-chis**	vous aviez voulu
	3ème	**muna-sqa-ku**	ils avaient voulu

Lima-pi Pedro wañu-rqa-pu-sqa Pierre est mort à Lima (et je ne le savais pas à ce moment là)
panta-rqu-sqa-ni je me suis trompé (sans m'en rendre compte)
sumaq-mi ka-sqa! c'est beau! (et je ne le savais pas)

C'est aussi le temps que l'on emploie pour raconter ce qu'on a fait en état d'ivresse:

macha-sqa-s imaymana-ta rima-yku-sqa-ni il parait qu'ivre (comme je l'étais) je lui ai dit toutes sortes de choses ou en rêve:

musqu-y-ñi-y-pi mama-y rima-paya-wa-sha-sqa dans mon rêve ma mère me parlait

C'est enfin le temps caractéristique du récit de fiction puisque le narrateur n'a pas été témoin des faits racontés. Cependant, comme dans le cas du prétérit, il suffit de le marquer une fois au début du récit et de mettre les autres verbes au temps non marqué.

• **Le futur**

sing	*1ère*	**muna-saq**	je voudrai
	2ème	**muna-nki**	tu voudras
	3ème	**muna-nqa**	il voudra
plur	*1ère excl.*	**muna-saq-ku**	nous voudrons
	1ère incl.	**muna-sunchis**	nous voudrons
	2ème	**muna-nki-chis**	vous voudrez
	3ème	**muna-nqa-ku**	ils voudront

Le futur quechua recouvre les valeurs de notre futur proche (aller + infinitif) et de notre futur proprement dit:

kunan yacha-nki!tu vas voir!
wata-man kuti-mu-saq je reviendrai l'année prochaine

• **Les passés habituels**

Comme le temps non marqué, le passé habituel désigne une action accomplie de façon habituelle et qui caractérise le sujet à un moment passé. On le forme en apposant l'agentif au thème verbal et en le faisant suivre du verbe **ka-** "être", au temps non marqué. Aux troisièmes personnes du singulier et du pluriel, le verbe **ka-** et la marque de personne ne sont pas employés. Seule apparaît au pluriel le suffixe **-ku** directement apposé au verbe à l'agentif. On obtient alors un passé habituel simple:

Inka-kuna llulla-ta mana muna-q-chu les Incas n'aimaient pas les menteurs

sing	*1ère*	**muna-q ka-ni**	je voulais
	2ème	**muna-q ka-nki**	tu voulais
	3ème	**muna-q**	il voulait
plur	*1ère excl.*	**muna-q ka-yku**	nous voulions
	1ère incl.	**muna-q ka-nchis**	nous voulions
	2ème	**muna-q ka-nki-chis**	vous vouliez
	3ème	**muna-q-ku**	ils voulaient

S'il est nécessaire de marquer que l'action appartient à un passé séparé du moment présent, le verbe **ka-** se conjugue au prétérit et on obtient alors un prétérit habituel:

astana-pi tiya-q ka-rqa-n il vivait dans un abri de berger (cela le caractérisait dans un passé révolu)

Si l'on veut indiquer que l'action a eu lieu alors qu'on n'en était pas conscient, le verbe **ka-** se conjugue au parfait et on obtient alors un parfait habituel:

astana-pi tiya-q ka-sqa il vivait dans un abri de berger (cela le caractérisait et je ne le savais pas à ce moment-là)

• **L'optatif**

On le forme en ajoutant le suffixe **-man** de l'optatif aux formes du temps non marqué. La marque de 1ère personne est alors **-y**. Aux 2èmes personnes du singulier et du pluriel et à la 1ère personne du pluriel inclusive, on peut avoir indifféremment des formes synthétiques (**-waq** et **swan**, respectivement) et des formes analytiques (**-nki-man** et **-nchis-man**):

sing	*1ère*	**muna-y-man**	je voudrais
	2ème	**muna-nki-man**	tu voudrais
		muna-waq	
	3ème	**muna-n-man**	il voudrait
plur	*1ère excl.*	**muna-yku-man**	nous voudrions
	1ère incl.	**muna-nchis-man**	nous voudrions
		muna-swan	
	2ème	**muna-nki-chis-man**	vous voudriez
		muna-waq-chis	
	3ème	**muna-n-ku-man**	ils voudraient

C'est le mode de l'action non réalisée mais possible:

chay-ta rura-y-man je peux faire ça, je sais le faire, je veux bien le faire

Il sert aussi à formuler une demande polie:

as unu-ta apa-mu-waq pourrais-tu apporter un peu d'eau?

Associé à **paqta** "attention", il exprime une mise en garde:

paqta phawa-chi-waq attention à ne pas le laisser s'envoler

On le trouve parfois dans les subordonnées de condition ou il remplace le futur lorsque l'accomplissement de l'action ou l'état exprimée dans la protase apparaît comme tout-à-fait hypothétique:

wawqi-yki hamu-n-man, chay-qa kusi-ku-y-man-mi je serais content si ton frère venais (litt. "ton frère viendrait, alors je serais content)
yacha-y-man! si je savais!

On a aussi un optatif passé que l'on obtient en ajoutant à la conjugaison de l'optatif le verbe **ka-** au prétérit et à la 3ème personne du singulier (**ka-rqa-n**) à toutes les formes de l'optatif décrites ci-dessus:

muna-<u>yman</u> <u>ka-rqa-n</u> j'aurais voulu

Il sert à désigner des actions qui n'ont pas eu lieu ou des états qui ne sont pas mais qui auraient pu ou dû avoir lieu ou être:

hina-n ka-<u>n-man</u> <u>ka-rqa-n</u> ça devrait (aurait dû) être comme ça
yacha-<u>y-man</u> <u>ka-rqa-n</u>! si j'avais su!

- **Les transitions**

On appelle "transitions" un ensemble de suffixes indiquant soit la personne qui est l'objet de l'action soit à la fois le sujet et l'objet de l'action:

riku-<u>wa</u>-nki tu me vois (**-wa-** indique que l'objet est la 1ère personne du singulier)
riku-<u>sunki</u> il te voit (**-sunki** indique à la fois que le sujet est la 3ème personne et que l'objet est la 2ème)
riku-yki je te vois (**-yki** indique à la fois que le sujet est la 1ère personne et que l'objet est la 2ème)

La combinaison de ces suffixes avec les marques de temps et d'aspect ne se fait pas de façon régulière et prévisible. Nous présentons donc ci-dessous les tableaux complets de ces combinaisons.

Le suffixe **-ku** pluralise la 1ère et la 3ème personne:

maqa-yki je te frappe
maqa-yki-<u>ku</u> nous te frappons

maqa-wa-nki tu me frappes
maqa-wa-nki-ku tu nous frappes

tandis que le suffixe **-chis** pluralise la 2ème personne:

maqa-yki-chis je vous frappe
maqa-wa-nki-chis vous me frappez

On remarquera qu'ils sont susceptibles de pluraliser aussi bien la personne sujet que la personne objet. Lorsque les deux sont plurielles, on peut ajouter un pronom pluriel s'il est nécessaire de lever une ambiguïté:

ñuqayku maqa-yki-chis nous vous frappons

Lorsque c'est une troisième personne qui est objet de l'action, on utilise les mêmes marques personnelles que celles que nous avons présentées dans les conjugaisons:

riku-n 'il voit' peut signifier aussi 'il le voit'

A l'optatif, on appose le suffixe **-man** aux formes de transition du temps non marqué telles qu'elles figurent ci-dessous:

maqa-yki-chis-man je peux vous frapper

Au passé habituel on fait porter les formes du temps non marqué sur le verbe **ka-** "être":

anya-q ka-sunki il te grondait (et cela était caractéristique de lui)

TEMPS NON MARQUÉ

	objet 1 sing.	objet 2 sing.	objet 1 excl. plur.	objet 1 incl. plur.	objet 2 plur.
sujet 1 sing.		maqa-yki			maqa-yki-chis
sujet 2 sing.	maqa-wa-nki		maqa-wa-nki-ku		
sujet 3 sing.	maqa-wa-n	maqa-sunki	maqa-wa-n-ku	maqa-wa-nchis	maqa-sunki-chis
sujet 1 excl. plur.		maqa-yki-ku			maqa-yki-chis
sujet 1 incl. sing.					
sujet 2 plur.	maqa-wa-nki-chis		maqa-wa-nki-chis		
sujet 3 plur.	maqa-wa-n-ku	maqa-sunki-ku	pay-kuna maqa-wa-n-ku	pay-kuna maqa-wa-nchis	pay-kuna maqa-sunki-chis

PRÉTÉRIT

	objet 1 sing.	objet 2 sing.	objet 1 excl. plur.	objet 1 incl. plur.	objet 2 plur.
sujet 1 sing.		maqa-rqa-yki			maqa-rqa-yki-chis
sujet 2 sing.	maqa-wa-rqa-nki		maqa-wa-rqa-nki-ku		
sujet 3 sing.	maqa-wa-rqa-n	maqa-rqa-sunki	maqa-wa-rqa-n-ku	maqa-wa-rqa-nchis	maqa-rqa-sunki-chis
sujet 1 excl. plur.		maqa-rqa-yki-ku			maqa-rqa-yki-chis
sujet 1 incl. sing.					
sujet 2 plur.	maqa-wa-rqa-nki-chis		maqa-wa-rqa-nki-chis		
sujet 3 plur.	maqa-wa-rqa-n-ku	maqa-rqa-sunki-ku	pay-kuna maqa-wa-rqa-n-ku	pay-kuna maqa-wa-rqa-nchis	maqa-rqa-sunki-chis

PARFAIT

	objet 1 sing.	objet 2 sing.	objet 1 excl. plur.	objet 1 incl. plur.	objet 2 plur.
sujet 1 sing.		maqa-sqa-yki			maqa-sqa-yki-chis
sujet 2 sing.	maqa-wa-sqa-nki		maqa-wa-sqa-nki-ku		
sujet 3 sing.	maqa-wa-sqa	maqa-sqa-sunki	maqa-wa-sqa-ku	maqa-wa-sqa-nchis	maqa-sqa-sunki-chis
sujet 1 excl. plur.		maqa-sqa-yki-ku			maqa-sqa-yki-chis
sujet 1 incl. sing.					
sujet 2 plur.	maqa-wa-sqa-nki-chis		maqa-wa-sqa-nki-chis		
sujet 3 plur.	maqa-wa-sqa-ku	maqa-sqa-sunki-ku	pay-kuna maqa-wa-sqa-ku	pay-kuna maqa-wa-sqa-nki-chis	pay-kuna maqa-sqa-sunki-

FUTUR

	objet 1 sing.	objet 2 sing.	objet 1 excl. plur.	objet 1 incl. plur.	objet 2 plur.
sujet 1 sing.		maqa-sqa-yki			maqa-sqa-yki-chis
sujet 2 sing.	maqa-wa-nki		maqa-wa-nki-ku		
sujet 3 sing.	maqa-wa-nqa	maqa-sunki	maqa-wa-nqa-ku	maqa-wa-sun(-chis)	maqa-sunki-chis
sujet 1 excl. plur.		maqa-sqa-yki-ku			maqa-sqa-yki-chis
sujet 1 incl. sing.					
sujet 2 plur.	maqa-wa-nki-chis		maqa-wa-nki-chis		
sujet 3 plur.	maqa-wa-nqa-ku	maqa-sunki-ku	pay-kuna maqa-wa-nqa-ku	pay-kuna maqa-wa-sun-chis	pay-kuna maqa-sunki-chis

• **Le progressif -SHA-**

Ce morphème aspectuel indique que l'action est en cours de réalisation. On peut le combiner avec les marques temporelles:

luru-n rima-sha-n le perroquet est en train de parler
puri-sha-sqa il était en train de marcher (et je ne le savais pas)

• **L'impératif**

L'impératif de 2ème personne est exprimé par le même suffixe **-y** que le substantif verbal (voir *infra*):

hamu-y viens

Au pluriel on ajoute le pluralisateur de 2ème personne **-chis** au substantif verbal:

hamu-y-chis venez

L'impératif de 3ème personne est formé par l'addition du suffixe **-chun**:

kawsa-chun (qu'il) vive

Au pluriel, on ajoute le pluralisateur de 1ère et 3ème personne **-ku**:

wañu-chun-ku qu'ils meurent

LES NOMINALISATEURS

Six suffixes transforment les verbes en noms. On les appelle "nominalisateurs".

• **Le substantif verbal -Y**

Présente l'action sans lui apporter de nuance aspectuelle, comme pure abstraction, sans rien préciser quant à sa réalisation:

muna-ku-y l'amour
sumaq ka-y la bonté, la beauté (litt. "l'être bon ou beau")
llank'a-y le travail, le fait de travailler
ruwa-y-ta muna-ni je veux (le) faire

• **Le perfectif -SQA**

Présente l'action comme achevée:

unu-qa t'impu-sqa-n l'eau est bouillie
macha-sqa runa homme ivre
ruwa-sqa-ta muna-ni je (le) veux (tout) fait

Il désigne souvent l'objet élaboré par l'action du verbe. On peut alors souvent traduire par "ce que":

riku-sqa-n-ta willa-n il dit ce qu'il a vu (litt. "son vu")
rura-sqa-yki-ta yacha-ni je sais ce que tu as fait (litt. "ton fait")

Associé à l'ablatif **-manta** et à l'intégral **-pacha**, la nominalisation du verbe par **-sqa** désigne aussi le moment à partir duquel a lieu quelque chose:

wawa ka-sqa-y-manta-pacha-n kastilla-simi-ta yacha-ni je sais l'espagnol depuis que je suis enfant

• **Le potentiel -NA**

Présente l'action comme potentielle:

ruwa-na-ta muna-ni je veux quelque chose à faire

Eventuellement suivi de **ka-n** ou **ka-sha-n** "il y a", il permet d'exprimer l'obligation:

ri-pu-na-y ou **ri-pu-na-y ka-sha-n** je dois partir (litt. "mon devoir partir il y a")

Le complément d'objet du verbe ainsi nominalisé est parfois considéré comme un complément de nom et ne porte donc pas de marque d'accusatif:

sara rutu-na-y je dois faucher le maïs

Suivi du bénéfactir **-paq**, il permet de construire des compléments de but:

alista-ku-n-ku hatun phista ruwa-na-n-paq ils se préparent pour faire une grande fête

Il permet enfin de construire des termes lexicalisés désignant l'instrument qui sert à accomplir l'action indiquée par la racine verbale:

rutu-na faux
phuku-na tube dans lequel on souffle pour attiser le feu
mikhu-na nourriture

le lieu ou se réalise l'action:

puñu-na lit
tiya-na chaise

• **L'agentif -Q**

Exprime l'agent qui réalise l'action:

kasa-q chasseur
puñu-q (celui) qui dort

Comme avec le potentiel, l'objet de l'action devient un complément d'un nom et le précède comme un adjectif, sans porter de marque d'accusatif:

runa mikhu-q anthropophage
qhiswa rima-q quechuaphone

Il peut servir à désigner le but d'un verbe de mouvement lorsque ce but est une action:

munti-man kasa-q ri-n-ku ils vont chasser dans la forêt (litt. "ils vont dans la forêt en tant que chasseurs")

• **Le gérondif 1 -SPA**

Indique que l'action désignée par le verbe au gérondif est simultanée ou antérieure à celle du verbe principal et que le sujet du verbe au gérondif est identique à celui du verbe principal de la phrase:

taki-spa hamu-n peut signifier "ayant chanté il est venu" ou "il est venu en chantant".

Les ambiguités éventuelles sur la relation chronologique entre les deux actions sont levées par le contexte ou l'addition d'autres suffixes.

• **Le gérondif 2 -QTI-**

Indique que le sujet du verbe au gérondif est différent de celui du verbe principal de la phrase. Il faut donc préciser par un suffixe possessif apposé au gérondif le sujet de ce verbe. Les deux actions peuvent être simultanées mais en général celle du verbe au gérondif se présente naturellement comme antérieure par rapport à celle du verbe principal:

rima-qti-n puñu-ku-ni quand il parle je m'endors.

Lorsque le verbe au gérondif porte une particule modale (l'assertif, le citatif ou le conjecturel) il exprime souvent la cause de l'action exprimée par le verbe principal:

rima-qti-n-mi puñu-ku-ni c'est parce qu'il parle que je m'endors

LES POSTVERBES

Les postverbes modifient le sens du thème verbal. Certains de ces suffixes peuvent se présenter sous différentes formes indifféremment employées. Nous indiquons cette variation par le signe ~.

L'emploi du centripète, du centrifuge et des trois orientateurs d'actance constitue sans doute la majeure difficulté que présente le quechua pour des locuteurs de langues indo-européennes. Il dépend en effet de tout un ensemble de conceptions sur le monde, très spécifiquement andines et difficilement réductibles à notre perception de la réalité.

• Le centripète -YKU- ~ -YU-

Le suffixe **-ykU-**, qui prend la forme **-yka-** devant **-mu-**, **-chi-** et **-pu**, signale que l'action se réalise en franchissant une limite vers l'intérieur de quelque chose:

kuwartu-n-ta pusa-yku-n mama-n-ta il a emmené sa mère dans sa chambre

Dans certains contextes, cet intérieur peut être aussi ce qui serait pour nous la partie basse d'un espace, ces deux notions étant étroitement liées en quechua cuzquénien:

ura-yku-n il descend (par ex. dans la vallée)
pasa-yku-n il entre, il descend (idem)

Ce suffixe est souvent employé pour montrer l'action atteignant vraiment une personne, comme pénétrant en elle ou dans sa sphère:

rima-yku-n il lui parle (en faisant en sorte de se faire entendre de lui)
achhu-yku-n il s'approche de lui

qhawa-yku-n il fixe son regard sur lui (comme pénétrant en lui)

Ce franchissement d'une limite vers un intérieur est souvent très métaphorique et exprime alors l'intensité, la perfection et la complétude qui caractérisent l'action (on pourrait gloser par "jusqu'au fond" ou "à fond"):

puñu-yku-n il dort profondément
waqa-yku-n il pleure amèrement, à chaudes larmes.
sinchi-ta-n rupha-yka-mu-sha-n il fait très chaud
mikhu-yku-n il a bien mangé
binu-ta kumbida-yku-n il l'a invité à prendre du vin (en s'y prenant avec toutes les attentions d'usage)

D'où l'emploi de **-yku-** sur des verbes à l'impératif lorsque l'on veut atténuer le caractère autoritaire de ce mode:

tiya-yku-y assied-toi bien (= s'il-te-plait)
mikhu-yku-y mange bien (= s'il-te-plait)

Il prend la forme **-yka-** devant les postverbes **-mu-**, **-pu-** et **-chi-** et la forme **-y-** devant **-ru-**, qui est une variante de **-rqu-**:

pasa-yka-mu-y! entre!
pasa-y-ru-n il est entré d'un coup

• **Le centrifuge -RQU- ~ -RU-**

A l'origine (et aujourd'hui encore dans d'autres dialectes quechuas), ce suffixe indiquait que l'action se réalisait en franchissant une limite vers un extérieur, d'où le nom de "centrifuge" que nous lui avons conservé ici. Aujourd'hui en quechua cuzquénien, il indique que l'action s'accomplit de façon brusque, soudaine, voire inattendue et qu'elle ne possède pas d'épaisseur temporelle. Le centrifuge montre en effet l'action dans l'instantanéité de sa manifestation, c'est-à-dire du franchissement d'une limite entre l'intériorité invisible de son point de départ et l'extériorité visible de sa réalisation.

sapatu-n-ta paka-rqu-sqa il lui cacha (en un tour de main) ses chaussures
kuna-cha-lla-n lluqsi-rqa-mu-nqa il va sortir tout de suite

Il prend la forme **-rqa-** devant les postverbes **-mu-**, **-pu-** et **-chi-**:

chaya-rqa-chi-n il l'amène rapidement

• L'orientateur d'actance 1 -KU-

Oriente l'action vers le sujet du verbe (vers le premier "actant"), pour lui. Tantôt il implique que le sujet réalise l'action de son côté, à part lui, sans les autres:
huk wayna-s qucha-pata-ta qati-ku-n on raconte qu'un jeune homme paissait (seul) [son troupeau] au bord d'un lac

tantôt qu'il la réalise à son bénéfice ou pour son plaisir:

kay t'anta-cha-ta apa-ku-saq j'emporterai ce petit pain pour moi, pour mon bénéfice
mikhu-ku-sha-ni je mange avec plaisir, avec contentement

ou encore qu'il s'implique psychologiquement de façon particulière dans l'action:

punku-ta taka-yku-ku-n il frappe à la porte bien fort (**-yku-**) et en y mettant du sien (**-ku-**)

Il s'associe donc de façon privilégiée avec les verbes de sentiment:

mancha-ku-ni j'ai peur
kusi-ku-nki tu es content
phiña-ku-n il est en colère

Il permet enfin des constructions réfléchies, un peu comme en français ou en espagnol:

saku-n-wan chura-ku-n il a mis sa veste
mana-n chay-qa rura-ku-n-chu ça ne se fait pas

Il prend la forme **-ka-** devant les postverbes **-mu-**, **-pu-** et **-chi-**:

tuku-ka-pu-n c'est fini

• **L'orientateur d'actance 2 -MU-**

Oriente l'action vers un point qui n'est pas le sujet mais qui est implicitement ou explicitement spécifié dans le contexte ou du moins qui est supposé par la situation (vers un deuxième "actant"). Il suppose toujours un déplacement, réel ou figuré, vers ce lieu spécifique:

tayta-n-man willa-rqa-ka-mu-n il est vite allé le dire à son père
kay t'anta-cha-ta apa-mu-saq j'apporterai ce petit pain (vers un endroit mentionné dans le contexte: ici; à ta maison, etc.)
kuti-mu-saq je reviendrai ici; j'y retournerai

Ce point vers lequel s'oriente l'action est parfois simplement notre champ de vision:
kuna-cha-lla-n inti lluqsi-mu-nqa le soleil va sortir tout de suite
ikhuri-mu-n il est apparu

Associé aux transitions personnelles, il permet éventuellement de transformer la personne objet non plus en objet-patient mais en bénéficiaire de l'action:

apa-sqayki je te porterai
apa-mu-sqayki je t'apporterai (quelque chose).

kay qilqa-ta apa-chi-mu-yki je t'envoie (litt. 'je fais porter vers toi') cette lettre

Il prend la forme **-m-** devant **-pu-**:

kuti-ka-m-pu-y! reviens!

• **L'orientateur d'actance 3 -PU-**

Au contraire de **-mu-**, le suffixe **-pu-** dévie l'action à la fois loin du sujet et du champ de vision (vers un tiers "actant"):

kay t'anta-cha-ta apa-pu-saq j'emporterai ce petit pain hors d'ici (sans préciser où)
wasi-y-ta kuti-pu-saq je vais rentrer chez moi (et quitter cet endroit)
ri-pu-n il est parti
kuhichu-ta kampu-pi wikch'u-pu-sqa-ku ils ont jetté la récolte dans la campagne (et l'ont abandonnée, rejettée loin d'eux)

Il est ainsi souvent associé à des verbes qui impliquent un départ, une sortie du sujet:

chinka-ri-pu-sqa il a disparu
wañu-pu-n il est mort

Cette sortie du champ de vision implique parfois, notamment avec le verbe **ka-** "être", que l'événement perdure au-delà de lui-même et de la circonstance évoquée:

chay-pi ka-pu-n il reste là
mana ima trucha-pas mayu-pi ka-pu-n-ña- chu il ne reste plus aucune truite dans la rivière

En déviant l'orientation de l'action vers une autre instance (un autre "actant") que le sujet et l'objet du verbe, il permet souvent d'indiquer que l'action se réalise au bénéfice ou au détriment de quelqu'un d'autre:

wasi-ta ruwa-pu-rqa-nki tu lui as construit une maison (**-pu-** exprime que le bénéfice de l'action que tu as accomplie est allé hors de toi et vers un tiers)
tawna-n-ta p'aki-pu-n il lui a cassé son bâton
wayk'u-pu-sqayki je vais cuisiner pour toi

Il est possible de combiner les orientateurs d'actance:

kuti-ka-m-pu-y reviens (forte implication ou initiative du sujet + vers le champs de vision + hors de là où tu es)

• Le factitif -CHI-

Indique que le sujet du verbe invite, autorise (1) ou pousse (2) l'objet du verbe à réaliser l'action désignée par le thème verbal:

phawa-chi-ni je l'ai laissé s'envoler (1)
asi-chi-wa-nki tu me fais rire (2)
yacha-chi-q professeur (2)

• Le réciproque -NA-

Indique que l'action est exercée de façon réciproque par plusieurs acteurs:

tinku-na-chi-ni je les ai fait se rencontrer (l'un l'autre)

On le trouve très souvent associé à l'orientateur d'actance 1 **-ku-** lorsque le sujet du verbe coïncide avec les acteurs de l'action réciproque:

riqsi-na-ku-nku ils se connaissent
maqa-na-ku-nkichis vous vous battez

• **Le désidératif -NAYA-**

Indique que le sujet a envie ou besoin de faire l'action désignée par le verbe:

hisp'a-naya-ni j'ai envie d'uriner

Il exprime aussi l'imminence d'une action ("être sur le point de"):

phuyu-naya-n (le ciel) est sur le point de devenir nuageux

• **Le répétiteur -PA-**

Ne s'utilise que sur certains verbes pour indiquer que l'action se répète une ou plusieurs fois:

yupa-pa-ni j'ai recompté
saru-pa-n il piétine

• **L'orientateur actanciel complexe -PAKU-**

Indique que le sujet réalise pour (1), sur (2) ou chez (3) quelqu'un d'autre une action qui revient à son propre avantage:

llamk'a-paku-ni je travaille pour un salaire (1)
riqsi-paku-wa-n il me reconnaît (comme son parent et c'est à son avantage) (2)
mikhu-paku-n il a mangé chez quelqu'un d'autre (3)

• **L'excessif -PAYA-**

Indique que l'action se prolonge jusqu'à l'excès. Cet excès confère souvent à l'action un aspect négatif:

ama muyu-paya-wa-y-chu ne me tourne pas sans arrêt autour

kurpu-n-ta puñal-wan sat'i-paya-yku-n il lui a criblé le corps de coups de poignard

• L'accompagnatif -PAYA-

A ne pas confondre avec le précédent. Il indique que le sujet accompagne quelqu'un d'autre dans l'action:

puklla-paya-n il joue avec lui

Ce suffixe n'est employé qu'avec un nombre limité de racines. A l'époque coloniale "interprète" se disait **saya-paya-q** "celui qui est debout pour accompagner quelqu'un d'autre".

• Le duratif -RAYA- ~ -LAYA-

Indique que le sujet demeure un temps dans la position issue de l'action désignée par le verbe:

warku-laya-sha-n il est accroché, il pend
tiya-raya-sha-n il reste assis

• Le dynamique -RI-

Ôte à l'action toute épaisseur temporelle pour la montrer dans sa momentanéité:

phawa-n il vole
phawa-ri-n il s'envole

yuya-n il pense, il a à l'esprit
yuya-ri-n il se souvient, il lui vient à l'esprit

qhawa-n il regarde
qhawa-ri-n il aperçoit

saya-n il est debout
saya-ri-n il se met debout

• L'impulsif -RPARI- ~ -YPARI-

Indique que l'action se réalise totalement en un seul et brusque élan:

qunqa-y-lla chay runa-ta tanqa-rpari-n tout-à-coup il a brusquement poussé cet homme
p'inqa-rpari-ku-n il fut brusquement saisi de honte

• Le multiplicateur dynamique -RQARI-

Indique qu'une même action est réalisée par plusieurs sujets en même temps ou qu'elle s'applique à plusieurs objets en même temps ou encore qu'elle débouche sur une multiplication d'objets. Elle se réalise toujours dans un seul mouvement:
Chikchi-kuna-qa chaya-rqari-mu-sqa [les trois frères] Grêle sont arrivés en même temps
ñut'u-ta-n waqta-rqari-n ispara-wan-qa il en a fait des petits morceaux à coups d'épée

• Le multiplicateur statique -YQARI-

Indique également qu'une même action est réalisée par plusieurs sujets en même temps ou bien qu'elle s'applique à plusieurs objets en même temps ou encore qu'elle débouche sur une multiplication d'objets. Mais elle se réalise sans mouvement, de façon statique:

tayta-n-qa, mama-n-qa uqlla-yqari-n son père et sa mère l'ont serré dans leurs bras
pisqu-kuna-ta yupa-yqari-n il a conté les petits oiseaux

• **Le dispersatif -YKACHA- ~ -KACHA-**

Indique que l'action se réalise dans des directions multiples, sans orientation précise ou de n'importe quelle manière:

phawa-ykacha-n il court dans tous les sens
pay-kuna-lla-n puri-ykacha-ku-sha-n-ku llaqta-pi ils errent seuls dans le village [désert]

• **L'intériorisateur -YMANA- ~ -RMANA-**

On ne le trouve que sur un nombre restreint de verbes. Il indique que le sujet accomplit l'action mentalement, sans l'extérioriser mais intensément:

maskha-ykacha-yki rikch'ay-ñi-yki-ta riku-ymana-spa je te cherche partout et voit sans cesse ton image en pensée
yuya-ymana-sqa-y churi-llá-y mon cher fils auquel je pense tant

• **L'associatif -YSI-**

Indique que le sujet aide une autre personne dans la réalisation de l'action:

uqa-ta alla-ysi-n il l'aide à ramasser les ocas
ri-ysi-sqa-yki je vais t'accompagner

Lorsqu'on s'éloigne du Cuzco vers le sud, à partir des environs de la ville de Sicuani, on remarque qu'ont été incorporés aux variétés locales du quechua un nombre croissant de postverbes d'origine aymara: **-xata-** "action réalisée sur quelque chose", **-ykipa-** "action réalisée en passant d'un côté à l'autre de quelque chose", **-naqa-** "dans n'importe quelle direction", **-qa-** "vers le bas", etc. De même, dans la partie nord-ouest de la région du Cuzco, dans l'actuel département d'Apurimac, on rencontre les suffixes **-rpa-** "action un peu brusque" et **-tamu-** "action réalisée en passant".

LES PARTICULES

Les "particules" occupent la position la plus externe dans le mot et sont placées après tous les suffixes que nous avons vus précédemment. A l'exception toutefois de la particule restrictive **-lla-**, que l'on peut rencontrer à l'intérieur d'un mot. Ils interviennent en effet au niveau de la phrase toute entière, voire de la relation entre les phrases, et non plus au niveau du mot.

Parmi eux, il existe une série de suffixes dont la fonction est de signaler le type de connaissance que celui qui parle a de ce qu'il dit. On les appelle "suffixes modaux". Il sont au nombre de trois et s'excluent mutuellement dans la phrase: l'assertif, le citatif et le conjecturel.

• L'assertif -MI/-N

Indique que celui qui parle connaît ce dont il parle parce qu'il l'a clairement constaté lui-même, qu'il en a eu l'expérience directe ou du moins qu'il en est aussi certain que s'il l'avait constaté lui-même. Il apparaît sous la forme **-n** après voyelle et **-mi** après consonne. Il possède aussi une fonction emphatique car il signale au sein de la phrase l'élément d'information nouveau, ce qui est affirmé. L'élément marqué par l'assertif apparaît en général en tête de la phrase:

yacha-n-<u>mi</u> il (le) sait (et j'en suis témoin)
alqu-<u>n</u> aycha-ta mikhu-n le chien a mangé la viande, c'est le chien qui a mangé la viande (et j'ai vu que c'était lui)

• Le citatif -SI/-S

Indique que celui qui parle connaît ce dont il parle par ouï-dire, que cela lui a été rapporté par une tierce personne. Il prend la forme **-s** après voyelle et **-si** après consonne. Il possède la même fonction emphatique que l'assertif. Le citatif peut renvoyer aussi bien à une source indéfinie ("on dit que"), que définie ("il dit que" ou "ils disent que"):

yacha-n-si (il paraît qu')il sait
alqu-s aycha-ta mikhu-n (il paraît que) le chien a mangé la viande, on dit que c'est le chien qui a mangé la viande
hamunqa-s il a dit qu'il viendrait

• **Le conjecturel -CHÁ**

Indique que celui qui parle connaît ce dont il parle par conjecture, déduction ou supposition, voire par divination. L'emploi du conjecturel confère à la phrase un degré de probabilité important mais non absolu. Il possède la même fonction emphatique que l'assertif et le citatif. On peut souvent le traduire par "probablement", "je pense que", "je suppose que":

yacha-n-chá je pense qu'il sait
alqu-chá aycha-ta mikhu-n ça doit être le chien qui a mangé la viande (d'après ce que je peux déduire)

Le conjecturel est toujours accentué. Ce phénomène exceptionnel dans la morphologie quechua est en fait le vestige d'une apocope: **-chá** provient de la forme **-chari**, sous laquelle il peut encore apparaître parfois, vers le sud de la région du Cuzco.

Associé à un pronom interrogatif il permet de construire une interrogation purement réthorique par laquelle celui qui parle exprime qu'il n'a aucune idée de ce qui est en question:

hayk'aq-chá kuti-mu-nqa! qui sait quand il reviendra!
imayna-chá! qui sait comment c'est! (dont l'expression "¡cómo será!" de l'espagnol andin est un calque)

• **Le dubitatif -CHUSINA**

Indique que celui qui parle connaît ce dont il parle par des apparences incomplètes ou une perception imparfaite qui ne lui permet pas d'affirmer avec certitude. On peut souvent le traduire par "il semble que", "on dirait que" ou "j'ai l'impression que":

mama-yki-chusina hamu-sha-n on dirait que c'est ta mère qui vient
para-mu-nqa-chusina j'ai l'impression qu'il va pleuvoir

Le dubitatif ne peut cependant être mis sur le même plan que les trois suffixes précédents et on peut le combiner avec l'assertif:

mama-yki-puni-chusina-n ka-n-man j'ai vraiment (**-puni-**) l'impression que c'est ta mère

Ce suffixe, historiquement dérivé de l'interrogatif **-chu** + conjecturel **-ch(a)** + comparatif **-hina**, apparaît dans certaines zones sous les formes plus évoluées **-chusuna**, **-chhuna**, **-suna** ou **-sina**.

• **L'interrogatif -CHU**

Pose des questions du type "est-ce que ...?". Il porte sur l'élément de la phrase qui est objet de l'interrogation et se trouve généralement placé en tête de phrase:

hamu-nki-chu? est-ce que tu viendras?
alqu-chu aycha-ta mikhu-n? est-ce que c'est le chien qui a mangé la viande?
aycha-ta-chu mikhu-n alqu-qa? est-ce que c'est la viande que le chien a mangée?

L'interrogatif peut recevoir le citatif:

hamu-nki-chu-s
il demande si tu viendras

• Le négatif -CHU

Construit des phrases négatives, en association avec le terme négatif **mana** "non". Dans les phrases négatifs, **mana** est l'élément qui porte éventuellement l'assertif, le citatif, le conjecturel ou le dubitatif. La partie de la phrase qui est l'objet de la négation est délimitée par ces deux éléments:

alqu-qa mana-n aycha-ta mikhu-n-chu le chien n'a pas mangé de viande
mana-n aycha-ta-chu alqu mikhu-n ce n'est pas la viande que le chien a mangé
mana-n alqu-chu aycha-ta mikhu-n ce n'est pas le chien qui a mangé la viande

• L'interrogatif dubitatif -CHUS

Construit des questions que l'on se fait à soi-même et qui sont en réalité l'expression du doute. L'interrogatif dubitatif est historiquement formé de l'interrogatif **-chu** + **-ch**, forme ancienne du conjecturel et ne doit pas être confondu avec l'interrogatif **-chu** auquel on peut ajouter le citatif **-s** (cf. supra "l'interrogatif **-chu**").

dosmil años-man chaya-sun-chus? arriverons-nous à l'an 2000?
qhari-q sunqu-n-qa rumi-chus? le coeur de l'homme est-il de pierre?

Associé à un pronom interrogatif il forme un pronom relatif (voir *infra* "les emplois du pronom **chay** dans la phrase complexe"): **may-pi-chus** "où", **may-manta-chus** "d'où", **pi-chus** "qui", etc.

• **L'absolu -PUNI**

Indique que ce que l'on affirme est ainsi "absolument", "de toutes façons", "quoiqu'il en soit", "pour de bon", "vraiment":

mana-puni-n muna-n-chu il ne veut absolument pas
febrero killa-pi-qa para-mu-n-puni-n en février, il pleut de toutes façons

• **Le thématisateur -QA**

Etablit le thème de la phrase, c'est-à-dire isole, signale l'élément au sujet duquel on va faire un commentaire (qui sera quant à lui éventuellement marqué par l'un des trois suffixes modaux):

kay-qa lapis-mi ça, c'est un stylo
lapis-qa kay-mi un stylo, c'est ça

Le thème de la phrase est toujours quelque chose de déjà présent dans le contexte, qu'il soit physique (une chose ou une personne présentes aux alentours, que l'on montre) ou discursif (quelque chose qui a été mentionné auparavant):

haqay-qa pana-y-mi celle-là là-bas, c'est ma soeur
wawqi-y-qa mana-n hamu-nqa-chu mon frère (dont il est question), il ne viendra pas

• **Le thématisateur associatif -RI**

Etablit le thème de la phrase mais, contrairement au thématisateur **-qa**, non comme un élément déjà présent dans le contexte mais comme un élément nouveau quoiqu'associé à la phrase précédente dans une espèce de continuité logique:

taki-sqa-y-ta uyari-chun, kunka-y-ri pay-man chaya-chun qu'il entende mon chant, et ma voix, qu'elle parvienne à lui

kinsa killa-lla-ña Juan-pa ri-pu-sqa-n, Martin-pa-ri killa-lla-raq il y a trois mois que Jean est parti, et Martin un mois

C'est toujours lui qui apparaît comme thématisateur dans les phrases interrogatives:

pi-taq chay wiraqucha-ri? et ce monsieur qui est-ce?

• **L'accompli -ÑA**

Indique que le passage à un nouvel état ou la réalisation d'une nouvelle action sont réalisés:

paqari-mu-sha-n-ña le jour est en train de se lever (ça y est)
maki-yki-ta maqchhi-ku-rqa-nki-ña-chu? est-ce que (ça y est) tu t'es lavé les mains?
paqarin-ña papa alla-q-qa ri-sunchis demain (pas avant) nous irons ramasser les pommes de terre

L'accompli peut être redoublé en l'antéposant au verbe ou au nom. Il se comporte alors aussi comme racine indépendante et porte les suffixes modaux et interrogatifs éventuels:

ña-n ri-pu-n-ña ça y est, il est parti
ña-chu rikch'a-ri-n-ña? est-il déjà reveillé?

Dans une phrase à la forme négative, il indique qu'une action ou un état ne durent plus et se place sur la négation **mana**:
mana-ña ka-n-chu il n'y en a plus

Il peut être aussi redoublé sur le verbe ou le substantif auquel il se rapporte:

mana-ña ka-n-ña-chu il n'y en a plus

• **L'inaccompli -RAQ**

Indique la permanence d'un état ou d'une action au-delà de ce qui était envisagé:

ka-sha-n-raq ukuku munti-pi il y a encore des ours dans la forêt

Dans une phrase à la forme négative, il indique qu'une action, un état ou une entité ne se réalisent ou ne sont pas encore:

mana-raq yacha-ni-chu je ne sais pas encore

Associé à un nom, il indique l'antériorité de l'élément désigné par ce nom par rapport à d'autres entités:

tayta-mama-n-raq-mi rima-na-n ce sont d'abord ses parents qui doivent parler
ñuqa-raq-mi ri-saq j'irai moi d'abord

Associé à un adverbe de temps, il indique que le moment où se produit l'action n'est pas celui que l'interlocuteur pourrait envisager mais qu'il était plus ancien ou plus tardif:

chay wata-raq-mi iskuyla ruwa-ku-rqa-n c'est cette année-là (et pas plus récemment) que l'école a été construite
kunan-raq-mi chaya-mu-sha-ni j'arrive à peine maintenant (et pas avant)

Associée à un pronom interrogatif, cette notion de continuité vers quelque chose qui n'était pas envisagé exprime un doute inquiet:
ima-raq-mi! quel malheur!

L'inaccompli permet aussi de construire des métaphores:

ñan-ñi-nta sisi-raq llimp'a-yku-rqa-nku ils débordaient du chemin tels des fourmis (tellement ils étaient nombreux) ou encore d'exprimer une menace:

q'asu-rqu-sqayki-raq-mi je vais (aller jusqu'à) te frapper

• Le restrictif -LLA

Indique que l'élément auquel il est apposé est seul engagé dans la phrase. Associé à un substantif on peut souvent le traduire par "seulement" ou "exactement":

ñuqa-lla-n wasi-pi-qa qhipa-ku-rqa-ni je suis resté seul à la maison
kuna-lla-n-mi chaya-mu-ni je suis arrivé maintenant même

Associé à un thème verbal, il exprime que l'action se produit à l'exclusion de toute autre, donc "continuellement", "d'habitude", "toujours":

Qusqu-ta-qa ri-lla-yku-n sapa sawaru-n-pas à Cuzco, nous y allons toujours tous les samedis

• Le contrastif -TAQ

Indique une mise en opposition ou en contraste de l'élément auquel il est adossé par rapport à quelque chose exprimé dans la phrase précédente:

Juan-qa ri-pu-n. Pedro-taq qhipa-pu-n Jean est parti. Pierre en revanche est resté
yarqa-wa-sha-rqa-n. Taytamama-y chaya-mu-qti-n-qa mikhu-yku-ni-puni-taq j'avais faim. Mais j'ai mangé de toutes façons quand mes parents sont arrivés

On peut parfois le traduire par "mais, au contraire, en revanche, par contre, tandis que". Son poid sémantique est cependant plus léger que celui de ces expressions. Lorsqu'il est apposé sur deux verbes dans la même phrase, il souligne que les deux actions sont différentes mais se produisent de façon simultanée ou alternée:

kunan hank'a-ta hank'a-rqu-nki-taq, papa-ta wayk'u-rqu-nki-taq maintenant tu vas vite préparer à la fois du maïs grillé et des pommes de terres
ñuqa-wan ka-sha-nki-taq, ñaña-y-wan ka-sha-nki-taq tu es (= tu as une relation) à la fois avec moi et avec ma soeur

Adossé aux particules négatives **ni** et **mana**, il signifie "non plus":

mana-n chay-qa llama-chu ni-taq paqucha-chu. Wik'uña-n ce n'est pas un lama ni (non plus) une alpaca. C'est une vigogne

Adossé à **u** (< esp. "o") il signifie "ou alors" "ou sinon":

muna-spa-qa mut'i-ta-pas utaq phuspu-ta-pas huqari-ku-y si tu veux prend du maïs bouilli ou alors des fêves boullies

Apposé à un pronom interrogatif, le suffixe **-taq**, en l'inscrivant dans une relation logique avec quelque chose qui précède ("mais", "et", "par contre"), rend l'interrogation moins abrupte et plus polie que lorsqu'elle est posée avec **-mi / n**. Ainsi **pi-taq riman?** correspond à la question "qui a parlé?", posée sans brusquerie, alors que **pi-n rima-n?** est plus impératif, plus pressant et signifie presque "qui a osé parler?"

• L'inclusif -PAS ~ -PIS

Indique que l'élément sur lequel il porte est lui aussi impliqué dans un processus:

pay-pas ri-nqa lui aussi ira
iskuyla-pi-pas asinda-pi-pas misti-q muna-y-ñi-lla-n ruwa-ku-n à l'école comme à l'hacienda on ne fait que la volonté des blancs

L'idée d'une d'inclusion vient parfois renforcer une notion de doute dans une phrase déjà présentée comme une conjecture ou une possibilité:

icha piki-ña-chu kani-wa-sha-n-pas ce sont peut-être déjà les puces qui sont en train de me piquer
icha allin-pas ka-n-man peut-être même que ça serait bien

Associé à des pronoms interrogatifs, il les transforme en indéfinis:

mana-n ima-ta-pas yacha-ni-chu je ne sais rien
ima-ta-pas ni-wa-y dis-moi quelque chose

• L'intégral -PACHA

Indique que l'élément auquel il est apposé est exactement et intégralement impliqué dans la phrase:

papa-y-qa millay-pacha-n mon père est pure méchanceté
paqari-sqa-y-manta-pacha-n kay-pi tiya-ni je vis ici depuis ma naissance (sans avoir vécu ailleurs entre-temps)

Très souvent cette notion d'exactitude et d'intégralité est appliquée à un contexte temporel et indique l'immédiateté:

lluqsi-y kunan-pacha sors immédiatement
kuti-ri-yka-rqa-mu-n-pacha il se retourna immédiatement vers lui

• Le contradicteur -MÁ

Affirme quelque chose contre l'attente de l'interlocuteur:

kay-pi-má ka-ku-sha-n! (mais) il est là (tu ne l'avais pas vu?)!
karu-raq-má chay-qa! (mais) c'est loin (plus que tu ne le penses)!

• **L'évidentiel -YÁ**

Affirme quelque chose comme évident:

ka-n-yá riki! (bien sûr qu')il y en a!
pay-yá! c'est (évidemment) lui!

Associé à un impératif il prend une nuance exhortative:

willa-wa-y-yá! (allez) dis-le moi!

• **Restrictif -LLA + inclusif -PAS**

Indiquent que l'élément auquel ils sont associés est au moins impliqué dans la phrase. On peut souvent les gloser par "au moins", "même si ce n'est pas plus", "ne serait-ce que":

papa-lla-ta-pas wayk'u-rqu-chun qu'elle cuisine au moins des pommes de terre

• **Restrictif -LLA + contrastif -TAQ**

Présentent l'élément auquel ils sont associés comme exactement identique à un autre, voire comme se confondant avec lui. On peut souvent les traduire par "de la même façon", "de même", "également" ou "aussi". Sur un substantif ils sont toujours contigus:

- **sumaq-lla-ña (puri-ku-y)** (va) en paix (seulement désormais)
- **qan-pas hina-lla-taq** toi de même

waka-qa kabra-lla-taq-si ka-sqa (on raconte que) l'(animal qui faisait office de) taureau [dans la corrida] était un bouc

Sur un verbe, on leur interpose les marques de personne:

- **papa ka-n-chu Francia-pi?** est-ce qu'il y a des pommes de terre en France?
- **ka-n-mi** oui (= il y en a)
- **sara-rí?** et du maïs?
- **ka-lla-n-taq-mi** il y en a aussi

et de temps:

Juan-qa hamu-nqa. Pedro-pas hamu-lla-nqa-taq Jean va venir. Pierre va venir aussi

• **Accompli -ÑA + contrastif -TAQ**

Indiquent que ce qui est désigné est à son tour, impliqué dans l'action, alors qu'auparavant c'est un autre qui l'était:

ñuqa-ña-taq wayk'u-saq c'est à mon tour de cuisiner
qan-ña-taq à toi (de jouer, de parler, etc.)

LES EMPLOIS DU PRONOM "CHAY" DANS LA PHRASE COMPLEXE

Le quechua tend à éviter les phrases complexes et préfère juxtaposer des phrases simples unies par le pronom **chay** "cela", qui vient reprendre dans la deuxième proposition tout ce qui a été exprimé dans la première. On adosse alors à **chay** un suffixe indiquant le type de relation existant entre les deux propositions. Nous examinerons les différentes possibilités de cette construction selon le type de relation établi entre les deux propositions.

• Complément du verbe

Lorsque la première proposition exprime le complément du verbe de la seconde, le pronom **chay** reçoit une marque de cas:

va vite le laisser où tu l'as pris
may-manta-n apa-mu-nki, chay-man saqi-rqa-m-pu-y
litt. "d'où l'as-tu amené? va vite le laisser là-bas"

il a fuit jusqu'à un endroit où on ne pouvait l'atteindre
may-pi-n mana taripa-y-ta ati-rqa-n-ku-ña-chu, chay-kama-n ayqi-ri-rqa-n
litt. "où est ce qu'on ne pouvait plus l'atteindre? il a fuit jusque là"

il sait que la fête approche
chay phista serka-mu-n-ña-chá, chay-ta yacha-n
litt. "cette fête approche probablement, il sait ça"

il sait où elle est
may-pi-chus ka-sha-n, chay-ta yacha-n
litt. "où peut-elle bien être? il sait ça"

va regarder d'où il peut bien venir
may-manta-chá hamu-nqa, chay-ta qhawa-mu-y

litt. "(je me demande) d'où peut-il bien venir? va voir ça"

allez voir où il va
may-man-si ri-nqa, chay-ta qhawa-mu-nki-chis
"où est-ce qu'il dit qu'il va? allez voir ça"

Cependant, lorsque les éléments dépendant du premier verbe sont très peu nombreux, on peut aussi nominaliser le premier verbe avec le perfectif **-sqa** ou le potentiel **-na**, auxquels on appose un possessif indiquant l'agent puis une marque de cas:

may-man chura-sqa-n-ta mana yacha-ni-chu
je ne sais pas où il l'a mis

may-pi-chus atuq-pa wacha-sqa-n-ta riku-n
il a vu où la renarde avait mis bas

• **Cause**

Lorsque la première proposition exprime la cause de la seconde, le pronom **chay** reçoit l'assertif **-mi / -n**:

je ne peux pas partir parce qu'il m'a pris mes chaussures
sapatu-y-ta qichu-mu-wa-rqa-n, chay-mi mana ri-pu-ni-chu
litt. "il m'a pris mes chaussures; c'est pour cela que je ne pars pas"

• **Hypothèse**

Lorsque la première proposition exprime la condition de la réalisation de la seconde, le pronom **chay** reçoit les thématisateurs **-qa** ou **-ri**. Ceux-ci sont éventuellement précédés de l'intégral **-pacha**, lorsque la réalisation de la condition entraine la réalisation immédiate de ce qui est exprimé dans la seconde proposition. La pause est marquée après **chayqa, chayri, chaypachaqa** ou **chaypachari,** de sorte que les deux phrases apparaissent comme plus étroitement solidaires que dans les cas précédents:

para thani-nqa chay-qa, lluqsi-saq-mi
si la pluie cesse, je sors

hucha-yuq-ta riku-wa-nki chay-pacha-qa, sipi-wa-nki
si tu découvres que je suis coupable, tue-moi immédiatement

tapu-ri-ku-ni chay-pacha-ri, ni pi kuti-chi-wa-n-chu
et dès que je pose une question, personne ne me répond

On peut éventuellement faire précéder la première proposition par le pronom relatif **sichus** "si" (terme hybride dérivé de l'espagnol "si" et du suffixe **-chus**), **sis** (< **sichus**) ou **siski** (<esp. "si es que") pour marquer plus clairement qu'il n'est qu'une condition à la réalisation de la proposition qui suivra. L'emploi de **sichus** renforce l'intégration des deux propositions en une seule:

si-chus hamu-nqa chay-qa, sumaq-ta wayk'u-saq
s'il vient, je préparerai quelque chose de bon

Lorsque la réalisation de la condition n'est pas réellement envisagée mais reste purement imaginaire, les verbes des deux propositions sont à l'optatif:

qhapaq ka-y-man chay-qa, sumaq wasi-ta ranti-ku-y-man
si j'étais riche, je m'achèterais une belle maison

Lorsque la réalisation de la condition reste envisageable mais se présente comme relativement hypothétique, on nominalise le premier verbe avec le gérondif auquel on appose le thématisateur **-qa**:

macha-qti-yki-qa phiña-ku-saq-mi
si tu te saoûles, je me mettrai en colère

• **Concession**

Lorsque la première proposition désigne la circonstance malgré laquelle se vérifie la seconde, le pronom **chay** reçoit l'inclusif **-pas**. Cette construction équivaut souvent à "bien que" en français:

ñawi-y-ña chinka-n chay-pas, yuya-y-ñi-y-pi-n riku-yki
bien que j'ai perdu la vue, je te vois en pensée

Lorsque la réalisation de cette circonstance se présente comme relativement hypothétique, on nominalise le premier verbe avec le gérondif auquel on appose l'inclusif **-pas**. Cette construction équivaut souvent à "même si" en français:

ima-ña ka-qti-n-pas qati-saq
je le suivrai quoiqu'il arrive

ati-spa mana ati-spa-pas hamu-nki
tu viendras que tu le puisses ou non

• **Comparaison**

Lorsque la première proposition exprime une comparaison, le pronom **chay** reçoit le suffixe comparatif **-hina**, éventuellement suivi de l'assertif **-mi** / **-n**. **Chay** et **-hina** s'assimilent généralement en **chhayna**.

imayna inti llapa t'ika-paq, imayna iphu llapa qura-paq, chay-hina-n qan-pas llapa wakcha-paq tu es pour tous les pauvres gens comme le soleil pour toutes les fleurs et la bruine pour toutes les herbes

Le terme **hina** "comme" substitue souvent **chayhina** ou **chhayna**:

imayna-n ñawpaq riqsi-wa-rqa-nki, hina-lla-n kunan-kama-pas ka-sha-ni je suis jusqu'à maintenant exactement (**-lla-**) comme tu m'as connu autrefois

• **Succession**

Lorsque la première proposition désigne le moment à partir duquel se vérifie la seconde, le pronom **chay** reçoit l'accompli **-ña** ou l'intégral **-pacha**, lorsque la seconde action se réalise immédiatement après la première:

chaya-mu-nqa, chay-ña-n wayk'u-saq je cuisinerai une fois qu'il sera arrivé

ima p'unchaw-chá huk warmi-wan panta-nqa, chay-pacha-n wañu-chi-saq
le jour où il me trompe avec une autre femme, je le tue immédiatement

On peut éventuellement faire précéder la première proposition du pronom relatif **maypachachus** "dès que", afin de marquer plus clairement qu'il désigne le moment auquel se réalise l'action désignée par la proposition qui suit. L'emploi de **maypachachus** tend donc à intégrer les deux propositions en une seule et permet éventuellement de faire l'économie de l'intégral sur le pronom **chay**:

may-pacha-chus waqya-mu-sqayki-chis chay-ña-n hamu-nki-chis
dès que je vous appellerai vous viendrez

L'intégration des deux propositions en une seule, que permettent les pronoms relatifs formés sur la base des pronoms interrogatifs auxquels on appose **-chus**, aboutit souvent à inverser l'ordre des propositions mises en relation. Le pronom **chay**, avec le suffixe qui lui est apposé, reste cependant toujours à la fin de la phrase complexe:

à nouveau il est retourné à l'endroit où la sirène était apparue
wak-manta kuti-n may-pi-chus sirina ikhuri-mu-rqa-n chay-pi
litt. "il est retourné, où la sirène est-elle apparue? là"

va voir s'il vient ici
qhawa-ri-mu-y kay-ta-chus hamu-n chay-ta
litt. "va voir, est-ce qu'il vient ici? ça"

AUTRES ÉLÉMENTS DE SYNTAXE

• La prohibition

Les phrases prohibitives se construisent en enserrant le verbe à l'impératif ou au futur entre le terme prohibitif **ama** et le suffixe négatif **-chu**. L'emploi de l'impératif rend la prohibition plus imminente:

ama waqa-y-chu ne pleure pas

tandis que l'emploi du temps non marqué la rend plus lointaine:

ama kacha-ri-nki-chu ne va pas le lâcher

• La possession

Il n'existe pas, en quechua cuzquénien ni dans la plupart des variétés quechuas, de verbe équivalent à notre verbe "avoir". La possession est exprimée en apposant le possessif à l'élément possédé et en le faisant suivre du verbe **ka-** "être, exister" à la 3ème personne:

liwru-y ka-n j'ai un livre (litt. "mon livre existe")
karru-yki ka-n-chu? est-ce que tu as une voiture (litt. "ta voiture est-ce qu'elle existe?")

• La comparaison

La supériorité s'exprime avec un intensif comme **aswan** "plus", **sinchi**, **ancha**, **manchay** ou **nishu** "très" et l'ablatif sur le point de comparaison:

alqu-y-qa alqu-yki-manta aswan phiña
mon chien est plus méchant que ton chien

Killku-qa Antuku-manta sinchi hatun
Grégoire est plus grand qu'Antoine

L'infériorité s'exprime avec **pisi** "peu" et l'ablatif sur le point de comparaison:

Killku-qa Antuku-manta pisi hatun
Grégoire est moins grand qu'Antoine

ou, plus couramment, par la négation de la supériorité:

Killku-qa Antuku-manta mana sinchi hatun-chu
Grégoire n'est pas aussi grand qu'Antoine

L'égalité s'exprime avec le comparatif **-hina** sur le point de comparaison:

Killku-qa Antuku-hina hatun
Grégoire est aussi grand qu'Antoine

Les mêmes structures sont utilisées lorsque la comparaison porte sur un adverbe:

wawqi-y-qa ñuqa-manta as-ta-wan mikhu-n
mon frère mange plus que moi

wawqi-y-qa ñuqa-manta aswan sumaq-ta tusu-n
mon frère danse mieux que moi

wawqi-y-qa ñuqa-manta pisi-ta mikhu-n
mon frère mange moins que moi

wawqi-y-qa ñuqa-manta mana ancha sumaq-ta tusu-n-chu
mon frère danse moins bien que moi

wawqi-y-qa ñuqa-hina sumaq-ta tusu-n
mon frère danse aussi bien que moi

• **Les emplois du discours direct**

Le quechua fait un grand usage du discours direct en faisant suivre les paroles citées par le verbe "dire" au gérondif (**ni-spa** "en disant") suivi du verbe **ni-** "dire" conjugué:

'hamu-saq-mi' ni-spa ni-n il a dit qu'il viendrait
'dibujo-y mancha-chi-sunki-chu?' ni-spa tapu-ni je leur ai demandé si mon dessin leur faisait peur

On emploie aussi le discours direct pour décrire une réaction en général, pas forcément verbale. On ne prétend plus alors citer des paroles plus ou moins réellement prononcées et **nispa** n'est pas employé:

mana-n 'mana' ni-sun-man-chu on ne peut pas refuser (litt. "nous ne pouvons pas dire 'non'")
chay-ta willa-qti-n-mi 'hina-puni-n' ni-n-ku quand il le leur a raconté ils l'ont cru (litt. "ils on dit 'c'est bien ainsi'")
'wawa' ni-wa-n il m'a traité d'enfant (litt. "il a dit à mon sujet 'c'est un enfant'").

Lorsque la "citation" comporte un verbe au futur, cette construction a le sens de "avoir l'intention de, décider de, penser":

'ri-pu-saq' ni-ni j'ai décidé de partir (litt. "j'ai dit 'je partirai'")
'as-ta-wan yacha-saq' ni-ni j'ai voulu en savoir plus (litt. "j'ai dit 'j'en saurai plus'")
'wañu-chi-saq' ni-wa-n il a l'intention de me tuer (litt. "il dit à mon sujet 'je vais le tuer'")

PHRASES USUELLES

PHRASES USUELLES

Puis-je entrer?
Pasaykamusqayki.

Entre!
Pasaykamuy!

Assied-toi.
Tiyaykuy.

Bonjour.
Buenos días ou **buenas tardes.**

Mamáy, taytáy.

Comment t'appelles-tu?
Iman sutiyki?

Je m'appelle Philippe.
Sutiyqa Filipin.

Comment vas-tu?
Imaynalla?

Ça va?
Allillanchu?

Ça va.
Allillanmi.

Tant mieux.
Anchata kusikuni.

Ça va plus ou moins.
Hinallan kashani.

J'apprends le quechua.
Qhishwasimita yachashani.

Je sais le quechua.
Qhishwasimita yachani.

Je ne sais qu'un peu.
Pisillata yachani.

Tu parles très bien.
Allintan yachanki.

Le quechua est difficile.
Qhishwasimiqa sasan.

Il parle en quechua.
Qhishwasimimanta riman.

Parle lentement.
Allillamanta rimay.

Répète.
Wakmanta.

Comment?
Imaninki?

Je ne sais pas.
Mana yachanichu.

Qu'est-ce que ça veut dire?
Imaninantaq?

Comment dit-on ceci en quechua?
Imaniswantaq qhishwasimipi kayta?

Ecoute-moi.
Uyariway.

S'il vous plaît (= puis-je vous demander un service?).
Walikusqayki.

Que désirez-vous? (réponse à **walikusqayki**)
Imallatachu?

S'il-vous-plaît (pour qu'on vous donne quelque chose).
Ama hina kaychu.

S'il-vous-plaît (pour un service ou pour qu'on vous donne quelque chose).
Urpicha, sunqucha.

Merci beaucoup (après qu'on vous ait donné quelque chose ou après qu'on ait reçu un service).
Anchata agradisikuyki.

Merci (après qu'on vous ait donné quelque chose).
Dios pagarasunki.

Urpi, sunqu.

Merci (après avoir mangé).
Dios pagarasunki mamáy.

Sulpáy mamáy.

Uspaláy mamáy.

De rien (lorsqu'on vous a remercié d'avoir donné quelque chose)
Imamanta

De rien (lorsque quelqu'un vous a remercié de lui avoir servi à boire ou à manger)
Kayhinallatapas

A tout-à-l'heure
Huk ratukama

A demain
Paqarinkama

A après demain.
Minchhakama.

Au-revoir.
Huk p'unchawkama.

Tupananchiskama.

Bonne chance.
Sumaqllaña.

Sumaqllaña purikuy.

J'ai faim.
Yarqawashan.

Sers-toi.
Qarakuy.

J'adore ça.
Tulluyman chayan.

Donne-m'en encore.
Yapaykuway.

Je n'ai plus faim.
Saksarquniña.

Tu en veux encore?
Yapaykusqayki.

C'est tout (= je n'en veux plus).
Chayllata.

Ressers-toi.
Yapaykukuy.

C'est chaud?
Q'uñichu?

Bois un peu de pisco.
Piskuchata tumaykuy.

Santé!
Tumaykusun!

Suq'uykusun!

Machaykusun!

Ça y est, je suis ivre.
Machasqañan kashani.

Combien ça coûte?
Hayk'ataq kay?

Hayk'ataq walin?

Combien tu vends ça?
Hayk'api chayta wintinki?

Cinq sols.
Pishqa sulispi.

C'est cher!
Sinchi qulqimá!

Fais-moi un prix.
Bahaykuway.

A combien tu me le laisses?
Hayk'apin quwanki?

Donnez-m'en un peu plus (pour ce prix là), madame.
Yapaykullaway, mamáy.

Puis-je vous poser une question?
Tapuykukusqayki.

Est-ce que ce bus va à Ayacucho?
Ayakuchumanchu kay karru rin?

Oui, il va à Ayacucho.
Arí, Ayakuchumanmi rin.

Quand est-ce qu'il part?
Hayk'aqtaq lluqsinqa?

Il part tout de suite.
Kunachallan lluqsinqa.

Combien coûte le billet?
Hayk'ataq pasahi?

Hayk'ataq walin pasahi?

Vingt sols.
Iskay chunka sulis.

En combien de jours arrive-t'on?
Hayk'a p'unchawpi chayaswan?

En deux jours.
Iskay p'unchawpi.

Est-ce que tu connais Ayacucho?
Ayakuchu llaqtata rikunkichu?

Je ne connais pas.
Mana rikunichu.

Je connais.
Rikuni.

Est-ce que c'est loin d'ici Ayacucho?
Kaymanta karuchu Ayakuchu ?

Oui, c'est loin.
Arí, karun.

Non, c'est tout près.
Manan, qayllallapi.

Par où va-t'on à Ayacucho?
Mayñintataq Ayakuchuman riswan?

Par ici.
Kayñinta.

On y arrive en combien d'heures?
Hayk'a uraspitaq chayaswan?

En cinq heures.
Pichqa uraspi.

Le chemin est difficile?
Sasachu ñan?

Peux-tu m'emmener?
Pusawankimanchu?

Emmène-moi.
Pusarikuway.

Je vais t'emmener.
Pusasqayki.

Est-ce que tu as des lamas?
Llamayki kanchu?

Oui, j'en ai.
Arí, kanmi.

Non, je n'en ai pas.
Mana, mana kanchu.

Et des mules?
Mulaykirí?

Oui, j'en ai aussi.
Arí, kallantaqmi.

Allons-y!
Haku!

C'est encore loin?
Karuraqchu?

Oui (c'est encore loin).
Karuraqmi.

Ouf! Je n'en peux plus!
Hananáw! Sayk'urqamuni!

Attend!
Suyaykuy!

Attend-moi!
Suyariway!

On se repose?
Samarisunchu?

Reposons-nous.
Samarikusun.

Est-ce qu'il y a de l'eau ici?
Kaypi unu kanchu?

D'où es-tu?
Maymantataq kanki?

Où vas-tu?
Maytataq rishanki?

D'où viens-tu (là maintenant)?
Maymantataq hamushanki?

Quel âge as-tu?
Hayk'a watayuq kanki?

J'ai vingt ans.
Iskay chunka watayuq kani.

Quel est ton métier?
Imapin llank'anki?

Je suis chauffeur.
Chufirmi kani.

Je suis agriculteur.
Allpa llank'aqmi kani.

Je suis instituteur.
Mayistrun kani.

Je suis professeur.
Yachachiqmi kani.

Quelle heure est-il?
Ima urastaq?

Il est midi.
Chawpi p'unchawñan.

Il est dix heures.
Las diezñan.

Où sont les toilettes?
Maypitaq hisp'amuyman?

Juste là.
Chayllapi.

Je vais me coucher.
Puñusaq.

QUELQUES QUESTIONS

- Où?
- **Maypi?** (s'il n'y a pas déplacement)
- **Mayta?** ou **mayman?** (s'il y a déplacement)

- Quoi?
- **Ima?** (cas sujet)
- **Imata?** (complément d'objet direct)

- Comment?
- **Imayna?** (= de quelle façon?)
- **Imaninki?** (= que dites-vous?)

- Qui?
- **Pi?** (cas sujet)
- **Pita?** (complément d'objet direct)

- Quand?
- **Hayk'aq?**

- Pourquoi?
- **Imarayku?** (question sur le motif de l'événement)
- **Imanaqtin?** (question sur la circonstance qui suscite l'événement)

- Par où?
- **Mayñinta?**

- Où vas-tu?
- **Mayta rishanki?**

- D'où viens-tu (là maintenant)?
- **Maymanta hamushanki?**

DEVINETTES

La devinette est un genre à part entière de la tradition orale quechua. Il est si prisé par les paysans des communautés que la plupart des personnes peut en poser au moins quelques dizaines. Il peut être utile à l'étranger d'en connaître quelques unes afin de ne pas avoir l'air trop inculte ou trop rustique. La formule qui introduit toute devinette est **Imasmari? Imasmari?** "mais comment on appelle ça? mais comment on appelle ça?" Nous ne répétons pas cette formule ci-dessous avant chaque devinette.

Imataq muyuspalla chichuyaq?
Qu'est-ce qui grossit (étant enceinte) en tournant?

Pushka
La quenouille

Imataq huk t'uqunta haykuspa pishqa t'uqunta lluqsin?
Qu'est-ce qui entre par un trou et ressort par cinq trous?

Guantes
Le gant

Imataq tullu wasi mana punkuyuq?
Qu'est-ce qui est une maison d'os sans porte?

Runtu
L'oeuf

Imataq yana rumicha mana uqariyta atina
Qu'est-ce qui est une petite pierre noire qu'on ne peut soulever?

Llanthu
L'ombre

Imataq ukhunta parashantaq, patanta rit'ishantaq?
Qu'est-ce qui a la pluie en-dessous et la neige au-dessus?

Molino
Le moulin à eau

Imataq chayñiqpi chayñiqpi q'ipinta saqiykukuspa purin?
Qu'est-ce qui avance en déposant ses fardeaux ça et là?

Kalabasa
La calebasse

Imataq phiña awila k'aspi chupacha?
Qu'est-ce qui est une grand-mère méchante avec une queue de bois?

Uchu
Le piment

Imataq p'unchaw espejo wintana, tuta qara punku?
Qu'est-ce qui est fenêtre vitrée le jour et porte de peau la nuit?

Ñawinchis
Nos yeux

LANGUE

ET

CULTURE

UNE LANGUE ECRITE

• La littérature quechua

La littérature coloniale en langue générale est particulièrement brillante quoiqu'extrêmement peu étudiée. Au début du XVIIe siècle, un indien de la province de Huarochirí, près de Lima, rédige en quechua une compilation des mythes païens de sa région avec l'objectif déclaré de permettre que les histoires de ses ancêtres ne sombrent pas dans l'oubli. Cette ouvrage constitué de 34 chapitres, aujourd'hui connu sous le nom de **Relation quechua de Huarochirí**, est demeuré inédit jusqu'au XXe siècle mais constitue un des principaux monuments de la littérature quechua ainsi que notre source la plus précieuse sur la religion et la mythologie andines anciennes. L'époque qui s'étend de la fin du XVIe siècle jusqu'au milieu du XVIIIe siècle fut en réalité un véritable "siècle d'or" du quechua littéraire: de nombreux sermonnaires, confessionnaires et livres de cantiques en quechua sont publiés à Lima à partir de 1584; une poésie profane en quechua circule également, surtout à l'état manuscrit; dans beaucoup de provinces du Pérou on représente le drame de la Mort du Roi Inca avec des livrets en quechua tandis qu'une tradition dramatique brillante se développe à Cuzco sur le modèle du théâtre baroque espagnol. Deux "autosacramentales" (**Le rapt de Proserpine** et **Le fils prodigue**) et trois "comedias" (**Le pauvre le plus riche, Uska Pawqar** "le riche mendiant" et **Ollantay**) sont parvenus jusqu'à nous et ont été écrits entre 1650 et 1750. Cette floraison littéraire s'appuie à la fois sur l'existence d'une noblesse indigène puissante, voire prospère et sur une classe créole qui, dans la sierra, est généralement bilingue et considère le quechua comme sa propre langue.

Après l'avènement de la République, les élites créoles des provinces continuent à cultiver le quechua et cherchent à le promouvoir comme langue d'une littérature nationale: c'est ainsi que l'on traduit des poètes européens en quechua et même, vers 1830, la **Phèdre** de Racine, dans le but de montrer que le quechua est tout à fait capable de véhiculer une littérature digne de ce nom. C'est le théâtre qui va capter l'intérêt de la plupart des écrivains quechuistes jusqu'au milieu du XXe siècle. Tandis que dans les théâtres du Cuzco, on représente en quechua le drame **Ollantay** -que l'on croit alors être une authentique pièce inca-, plusieurs auteurs écrivent et font représenter de nouveaux drames en quechua à sujets incaïques. L'enthousiasme des cuzquéniens pour ces "drames incaïques", toutes classes sociales confondues, arrive à son apogée après la Guerre du Pacifique, alors que la nation prend conscience du manque de cohésion qui l'a menée au désastre. La volonté de créer une littérature authentiquement nationale, enracinée dans le passé précolombien, dans la langue de la majorité des Péruviens, permet entre 1885 et 1930 une véritable renaissance de la littérature quechua: plus d'une centaine de pièces sont écrites et représentées au cours de cette période. Parmi les oeuvres les plus marquantes citons **El desgraciado inca Huáscar** (entre 1885 et 1896) de José Lucas Caparó Muñiz, **Sumaqt'ika** (1892) de Nicanor Jara Barrionuevo, **Imasumaq** (1898) de Mariano Rodríguez, **Yawarwaqaq** (1919) de José Félix Silva Ayala, **Manco II** (1921) de Luis Ochoa Guevara ou encore **T'ikahina** (1934) de Nemesio Zúñiga Cazorla. Ce théâtre à sujets historiques ou légendaire est partiellement déplacé, à partir des années 30, par des comédies de moeurs à thèmes ruraux, notamment celles d'Andrés Alencastre, Julio Rouvirós ou Ricardo Flores. Cette activité dramatique cesse cependant presque complètement dans les années 50.

Si Cuzco apparaît à cette époque comme le principal centre de production dramatique, il n'est cependant pas le seul. Carlos Felipe Beltrán, en Bolivie, Inocencio Mamani à Puno, José Salvador Cavero, Moisés Cavero et Artemio Huillca à Ayacucho écrivent et font représenter eux aussi des pièces en quechua. Cette activité dramatique s'efface à son tour dans les années 1960. Aujourd'hui, ce n'est plus guère que dans quelques villages que survit la tradition d'origine coloniale de représenter la Mort du Roi Inca. Depuis une quarantaine d'années ce sont surtout des poètes qui écrivent et publient en quechua: Andrés Alencastre, José María Arguedas, César Guardia Mayorga, Porfirio Meneses et Eduardo

Ninamango, pour ne citer que les plus connus. La prose est encore très peu développée: quelques écrivains comme Jorge Lira ou William Hurtado de Mendoza ont écrit des contes à partir de thèmes de la tradition orale. Mentionnons même un véritable petit roman en quechua écrit par Jorge Lira sur un motif traditionnel: **Tutupaka Llaqta**.

La relative désaffection dont souffre aujourd'hui la littérature quechua est due à une perte de prestige de la langue. Jusque vers le milieu du XXe siècle, parler quechua en milieu urbain n'était pas en soi un signe d'infériorité sociale et culturelle. Ce qui l'était c'était ignorer l'espagnol, langue de la culture et de la modernité. Mais à partir des années 40, avec la modernisation accélérée que connaît le Pérou, parler quechua devient en lui-même le stigmate d'une indianité rabaissante. Le quechua commence alors son reflux en milieu urbain: il cesse peu à peu de se transmettre aux jeunes générations des classes moyenne et supérieure provinciales ainsi qu'aux enfants nés à Lima de parents issus des communautés paysannes.

• Politiques linguistiques et éducation

Mais cette relative désaffection n'est peut-être qu'un phénomène temporaire. D'une part parce que le quechua reste, dans l'imaginaire des Péruviens, une sorte de langue nationale. Ainsi, même à Lima, dans des milieux pourtant totalement coupés de cette langue, il n'est pas rare d'entendre parler du quechua comme de "notre langue". D'autre part parce qu'on assiste depuis quelques années à une évolution de l'attitude des locuteurs envers leur propre langue: la honte tend à s'effacer et nombreux sont les jeunes qui, ayant émigré dans l'enfance à la ville avec leurs parents, essayent de conserver, voire de cultiver, leur langue maternelle.

C'est dans cette atmosphère plus favorable que commencent à se développer les projets d'éducation bilingue. Pendant longtemps, en effet, l'enseignement a été dispensé en espagnol dans toutes les écoles des trois pays andins, même dans les zones rurales où les élèves n'avaient aucune connaissance de cette langue. Le système scolaire traditionnel ne permet presque aucune transmission des contenus scolaires, tout juste une familiarisation partielle des élèves avec la langue dominante. Elle inhibe leur créativité et développe chez eux un fort complexe d'infériorité face à la société hispanophone.

C'est en Équateur que les efforts de réforme les plus importants ont été accomplis à ce jour, surtout parce que l'éducation bilingue y répond à une revendication des organisations paysannes indigènes. En Bolivie, un vaste projet national d'"Éducation Interculturelle Bilingue" a commencé à se mettre en place en 1990. L'idéal de cette éducation bilingue est que tous les citoyens du pays soient capables de parler, lire et écrire parfaitement leur langue maternelle et qu'ils dominent une langue commune, l'espagnol, qui leur permette de communiquer avec l'ensemble de la nation. La phase expérimentale de ce projet s'est achevée fin 1994 et l'éducation bilingue est en train de s'étendre à 1500 écoles du pays, non seulement dans les zones quechuaphones, aymarophones et guaranophones mais aussi auprès des groupes indigènes de la forêt. Un grand effort d'élaboration de matériel didactique est en cours: 50 titres étaient déjà sortis en 1995. Le Pérou, lui, se heurte à un obstacle que les deux autres pays ne connaissent pas au même degré: la grande diversité des variétés quechuas parlées sur son territoire national. Il y manque aussi pour le moment une volonté politique qui permettrait d'étendre au niveau national les expériences d'éducation bilingue qui ont été menées de façon dispersée et temporaire, avec l'appui de la coopération internationale.

RELIGION ET MYTHOLOGIE: un polythéisme chrétien

• Divinités et êtres de l'au-delà

Contrairement à une vision trop répandue, il n'existe pas dans l'esprit des paysans andins deux religions juxtaposées, l'une autochtone et l'autre catholique, mais une seule, même si les curés ne reconnaissent pas la validité de certains rites et de certains cultes pratiqués par les communautés. La religion andine se veut chrétienne mais elle constitue une forme de christianisme profondément réinterprété par la tradition locale.

Pour les paysans de la région du Cuzco, une grande divinité exerce sa tutelle sur notre société actuelle: c'est **Taytacha** "le petit Père", c'est-à-dire le Christ, également connu comme **Dios Churi** "Dieu le Fils" et identifié au soleil (**inti**). Ce **Taytacha** est à distinguer de **Dios Yaya** "Dieu le Père" et de **Dios Espíritu Santo** "Dieu le Saint-Esprit". En effet, **Dios Yaya** régna sur une époque antérieure à la nôtre, celle des être préculturels appelés Gentils (**Hintil**), tandis que **Dios Espíritu Santo** régnera sur une époque encore à venir. Seul **Taytacha** peut être objet de culte pour les hommes du présent.

Mis à part ces trois grands seigneurs tutélaires, les autres divinités demeurent toutes dans le monde souterrain et invisible. On distingue d'une part les "apôtres" (**Apustul**), c'est-à-dire les Vierges (**Mamacha**) et les Saints (**Santu**). Chacun d'eux est censé avoir été le fondateur d'une communauté et en être la divinité tutélaire. Les différents "apôtres" entretiennent parfois entre eux des relations de parenté. Ainsi la Vierge de l'Assomption (**Mamacha Asunta**) de telle communauté peut-elle être la soeur cadette ou aînée de la Vierge de l'Assomption de telle autre communauté voisine. De ces "apôtres" dépend en particulier l'eau qui féconde les terres agricoles des communautés.

L'autre ensemble de divinités est constitué par toute une société d'êtres chthoniens, connus dans la région du Cuzco comme **apu** (étym. "seigneur"), **awki** (étym. aymara "père, ancêtre"), **ruwal** (< esp. "lugar" = "endroit") ou **parahi** (< esp. "paraje" = "endroit") et ailleurs comme **hirka, wamani, machu, achachila** ou **uywiri**. Ces divinités siègent dans des montagnes, certaines sont masculines, d'autres féminines. Toute une hiérarchie, voire des relations de parenté, existe entre elles. La plus puissante au Cuzco est l'**apu Awsanqati**, dont le pouvoir s'étend sur la plus grande partie de la région. D'autres exercent une tutelle géographiquement plus limitée: une communauté, voire un **ayllu** à l'intérieur d'une communauté. La **Pachatierra** "la Terre" ou **Pachamama** "Mère Terre" est une toute petite femme, couverte de longs vêtements et appartenant à la même catégorie d'êtres que les **apu**. Elle intervient activement elle aussi sur la fécondité des champs et des troupeaux, moyennant des offrandes de la part des hommes. Mais elle peut se montrer extrêmement maléfique et vengeresse si elle estime n'avoir pas reçu son dû.

Les deux catégories d'"apôtres" et d'**apu** entretiennent entre eux des liens étroits, au point que les Vierges ou **Mamacha** "Petites Mères", apparaissent souvent comme des **Pachamama** "Mères Terre". Vierges et Mères Terre exercent toutes les deux des fonctions qui rappellent celles que possédaient, à l'époque préhispanique, les ancêtres des lignages andins.

D'autres entités ne peuvent être qualifiées de "divinités" dans la mesure où elles ne sont pas objets d'un culte. Elles interviennent néanmoins activement dans la vie des paysans andins. Ce sont d'abord les **Saqra** "Démons", appelés aussi **Supay** "Diables" ou **Sirina** "Sirènes", qui émanent du monde souterrain et cherchent à obtenir des avantages de la part des humains, pouvant alors s'avérer dangereux. Les ruines des villages précolombiens (**marka**) abritent les "esprits" des os de l'humanité sauvage antérieure à la nôtre, les Gentils (**Hintil**) appelés aussi "Ancêtres" (**Ñawpa Machu**). Le contact avec ces esprits est dangereux, même s'ils ne sont pas considérés comme des **Saqra** et interviennent favorablement pour le maintien de l'ordre social communautaire. Dans l'inframonde (**ukhupacha**), toute une société d'hommes miniatures mène une vie parallèle à la nôtre et contribue à la réussite de nos activités agricoles et textiles. Enfin, des taureaux vivent au fond des lacs de la puna et fécondent les troupeaux qui paissent à leurs abords.

Un autre personnage possède un statut ambigu, c'est **Qhaqya**, le Tonnerre-grêle-éclair. Seuls les guérisseurs, qui reçoivent d'ailleurs leurs pouvoirs de lui, lui font des offrandes. Il vit dans les entrailles d'une montagne lointaine et on se le représente souvent sous la forme de trois frères malfaisants. Le Vent (**Wayra**) et l'Arc-en-ciel (**K'uychi**) sont également deux entités animées, émanant du monde souterrain et possédant une forme anthropomorphe, quoiqu'on ne leur fasse jamais d'offrandes. Bref, les paysans andins reconnaissent un au-delà à l'organisation complexe, avec une partie duquel ils entretiennent des relations d'échange (plutôt que d'adoration), comparables aux relations existant entre les groupes des différents étages écologiques à l'intérieur de la société humaine.

• La mythologie

Autrefois, le Soleil (identifié au Christ) n'éclairait pas encore le monde. Dieu le Père régnait sur la Terre et celle-ci était peuplée d'êtres robustes mais sauvages, les Gentils (**Hintil**). Ceux-ci étaient déjà organisés en communautés, dont les territoires correspondaient déjà à ceux des communautés actuelles. Mais les Gentils n'étaient pas chrétiens, c'est-à-dire, dans la conception andine, n'échangeaient ni biens, ni femmes avec les communautés voisines et ne connaissaient pas l'agriculture d'irrigation. Ces communautés préculturelles étaient sans cesse en conflit les unes avec les autres car, refusant l'échange, elles s'efforçaient de s'approprier par la force des terrains situés sur d'autres étages écologiques, afin de s'assurer l'accès aux denrées diversifiées dont elles pouvaient avoir besoin. Il y a là indiscutablement un souvenir du système précolombien des "archipels écologiques", démantelé à l'époque même où eut lieu la christianisation.

Lorsque leur époque s'acheva et que le soleil se leva pour la première fois, les Gentils périrent tous desséchés. Seuls les os de certains d'entre eux continent à vivre, dans les ruines des villages préhispaniques. Adam et Eve apparurent sur la terre en même temps que le soleil et d'eux descendent tous les humains des temps actuels, qu'ils soient indiens ou non. Les membres des communautés se distinguent cependant des **Misti** en ce qu'ils bénéficient de la tutelle paternelle des Gentils. Avec le soleil, Adam et Eve, commence l'ère de Dieu le Fils et le christianisme, c'est-à-dire la civilisation, tandis que les Gentils sont rejetés dans l'au-delà souterrain (**ukhupacha**). Dans un premier temps, les Incas apportent les techniques de l'irrigation et du tissage, construisent églises et cathédrales, tandis que les "apôtres" fondent les communautés avant d'êtres transformés en pierres. C'est sans doute lors de cette époque inaugurale que doit être située toute une série d'événements qui contribue à la mise en place progressive de l'ordre civilisé. **Taytacha** envoie ainsi l'oiseau **chiwaku** placer la dent dans la bouche de l'homme mais cet oiseau vorace s'arrête en chemin pour manger du maïs, ne retrouve plus la dent et finit par placer un grain de maïs dans la bouche de l'homme: c'est la raison pour laquelle les hommes souffrent de caries. Un renard vorace -lui aussi- se rend à un banquet au ciel, porté par un condor. Il s'y comporte de la pire façon et finit par retomber sur la terre: en s'écrasant, les plantes cultivées qu'il avait dévorées au ciel se répandent dans notre monde. Une autre histoire raconte comment le coq, qui chante tous les matins, remplace dans les villages l'oiseau **pukupuku**, qui chante à chaque heure de la nuit. Un jeune berger prend pour femme une étoile qui étaient descendue sur terre pour se nourrir ou se baigner. Celle-ci finit par rentrer au ciel, le jeune homme la suit mais y meurt finalement brûlé par le soleil, père de la jeune fille. Ce mythe explique pourquoi il faut éviter les mariages exogamiques entre étages écologiques différents.

Puis arrivent les Espagnols et avec eux l'ordre social andin tel qu'il demeurera jusqu'à la fin du temps de Dieu le Fils. Les Incas ne disparaissent pas mais fuient vers **Paytiti** ou **Paykiti**, contrée mythique située sur les piémonts orientaux, à la charnière du monde civilisé et de l'Amazonie sauvage où s'étaient auparavant réfugiés certains Gentils (et dont descendent aujourd'hui les gens de la forêt, les **Ch'unchu**).

Il existe un temps des héros mythiques, qui ne s'intègre pas forcément à cette histoire du monde, mais dont les aventures merveilleuses, parfois un peu interchangeables, aboutissent elles aussi à établir l'exogamie, la complémentarité entre les étages écologiques et la civilisation en général: un pauvre orphelin de la puna, grâce à l'aide magique d'une Sirène, finit par devenir roi dans la vallée; le fils d'un ours et d'une femme ou d'une ourse et d'un curé, grâce à ses forces exceptionnelles, tue une âme damnée qui avait dévoré tout un village et fonde à nouveau ce village; le fils d'une femme et de l'esprit du blé, abandonné aux bêtes sauvages par ses parents, sauve, avec l'aide de celles-ci, une jeune fille prisonnière du diable dans le monde souterrain et réussit en l'épousant, sa réintégration dans le monde des humains.

Un jour, notre monde s'achèvera dans un cataclysme, comme s'est achevé le monde des Gentils, et sera de nouveau peuplé par des êtres ailés qui s'alimenteront des fruits des arbres. Ce sera la troisième étape de l'Histoire, celle de Dieu le Saint-Esprit.

• Le calendrier des fêtes

L'année agricole débute le premier août. Selon le temps qu'il fait les douze premiers jours de ce mois, on pronostique celui des douze mois à venir. Ce premier jour de l'année agricole est en outre consacré à la Terre et on ne doit pas la travailler. Le mois d'août est d'ailleurs le mois le plus sec de l'année et le moins agricole. On s'y consacre plutôt à d'autres taches: tissage, voyages commerciaux, etc. Au début de ce mois on doit faire des offrandes (**pago**) à la Terre afin de se la rendre propice pour la nouvelle année. Ce jour crucial est aussi, dans les punas, l'"anniversaire" des lamas: les animaux descendent dans les villages, on leur fait boire de la chicha pour les fortifier et on change les marques en laine qu'ils portent sur les oreilles.

Le plein avènement de la saison sèche a eu lieu un mois et demi auparavant, à la mi-juin, et a été marqué par la Fête Dieu ou Corpus Christi, dont le rite est venu se substituer aux célébrations incaïques du solstice d'hiver et qui commémore le passage du temps des Gentils au christianisme. La Fête Dieu est célébrée dans de nombreux villages et constitue aussi une des fêtes les plus imposantes parmi celles qui sont célébrées dans la ville de Cuzco: les Saints de toutes les paroisses de la ville sont portés en procession jusqu'à la cathédrale. Depuis 1943, les Cuzquéniens prétendent reconstituer, sur l'esplanade de Sacsayhuamán, la "fête du Soleil" incaïque ou **Intiraymi**. Ce défilé imposant mais réalisé sans art est surtout destiné aux touristes friands de manifestations "précolombiennes". A une date mobile avoisinante, autour d'un sanctuaire situé à 5000 mètres d'altitude, au pieds du mont Ausangate (l'**apu** le plus important de la région), les communautés célèbrent pendant plusieurs jours la fête de "Notre Seigneur de **Quyllurit'i** ('neige blanche-brillante')", un Christ identifié à l'**apu Awsanqati** et dont l'image est miraculeusement restée imprimée sur un rocher de la montagne, à la fin du XVIIIe siècle. Outre une messe, cette fête comprend de nombreuses danses figuratives -caractéristiques de la plupart des fêtes andines- et de nombreux rites propitiatoires, tandis que les jeunes hommes, déguisés en **ukuku** (héros mythique mi-ours mi humain qui sauva la société de l'âme damnée qui la menaçait) se rendent sur les flancs escarpés et enneigés de l'**apu** pour en rapporter des blocs de glace. Parmi les célébrations associées au solstice d'hiver, mentionnons encore la Fête de la Saint Jean, le 24 juin, fête des ovins: on réalise le **ch'uyay**, aspersion rituelle du bétail, et le marquage des animaux.

La pleine saison sèche (juin-juillet-août) est la période des fêtes patronales des différentes communautés. Quelques

Saints monopolisent la tutelle de la plupart des communautés: Saint Pierre et Saint Paul, célébrés le 29 juin; la Vierge du Carmen (**Mamacha Carmen**) célébrée le 16 juillet (c'est dans le village de Paucartambo, sur la route des piémonts tropicaux où se rendent les commerçants des hauteurs pendant la saison sèche, qu'est célébrée la fête la plus prestigieuse et à laquelle participe toute la société régionale, de la bourgeoisie du Cuzco jusqu'aux paysans des communautés); Saint Jacques, honoré le 25 juillet; la Vierge de l'Assomption (**Asunta**), le 15 août; la Vierge de la Nativité, le 8 septembre. Ces fêtes patronales comprennent des messes, des processions, des danses et souvent aussi des corridas, parfois avec un condor, que l'on attache sur le taureau afin de rendre celui-ci plus agressif. C'est la **yawar phista** ou "fête du sang". Contrairement à ce qu'on a souvent affirmé -par méconnaissance de la culture andine- les corridas avec condor ne représentent pas l'affrontement du monde indigène (qui serait représenté par le condor) et des conquérants espagnols (qui seraient représentés par le taureau). Le taureau, bien qu'il ait été introduit par les Espagnols est actuellement l'un des animaux les plus andins qui soient, dans la mesure où il est l'un des plus chargés symboliquement: il représente les forces fécondes du monde souterrain et le soleil lorsqu'il passe sous la terre et y fait circuler les eaux. La corrida est avant tout un rite propitiatoire destiné à s'assurer l'abondance des eaux dans les canaux d'irrigation, lors des semailles qui commenceront peu après, au début du mois de septembre. La Fête Nationale, le 28 juillet, est également l'objet de réjouissances dans de nombreux villages, elles aussi souvent accompagnées de corridas, parfois avec un condor, comme à Cotabambas.

Le 14 septembre on célèbre l'Exaltation de la Croix dans de nombreux villages de la région. Cela coïncide avec l'anniversaire de l'apparition d'un Christ à un commerçant du Haut Pérou, à l'époque coloniale, à un endroit appelé Huanca, au pied du mont **Pachatusan**, qui domine la ville de Cuzco et qui est, après **Awsanqati**, un des **apu** les plus puissants de la région. L'image de ce Christ est restée imprimée sur une roche autour de laquelle a été construit le sanctuaire actuel. Le culte de ce "Señor de Huanca", ou **Taytacha Wanka**, rappelle fortement les cultes préhispaniques aux rochers (**wank'a**) en lesquels s'étaient transformés les ancêtres des lignées à la fin de leur geste fondatrice. Le pèlerinage à Huanca est l'occasion d'une grande foire régionale où affluent des commerçants venus des hauts plateaux, voire de la Bolivie.

Le 7 octobre, en pleines semailles, on célèbre la Vierge du Rosaire (**Mamacha Rosario**) dans de nombreux villages, là encore avec des danses. Une fois passée la période des semailles, les pluies doivent se substituer à l'irrigation. Ce sont les morts qui sont censés amener ces pluies, raison pour laquelle, le 2 novembre, les communautés leur font des offrandes dans les cimetières: les familles s'y rendent à l'aube pour apporter à leurs morts les aliments et les boissons qu'ils préféraient de leur vivant. La veille, le 1er novembre, on célèbre à Cuzco une tradition très populaire: on fabrique des pains en formes d'enfants (**t'anta wawa** "enfants de pain"), les jeunes gens simulent le baptême de ces "enfants de pain" puis on les consomme en famille ou entre amis. L'arrivée de la pluie est ensuite fêtée partout à travers la fête de l'Immaculée Conception, le 8 décembre, avec une messe, une procession des danses, parfois encore une corrida. Le 25 décembre est la fête de l'Enfant Jésus ou Noël, là aussi avec des danses mais aussi avec des chants de Noël ou "villancicos" en quechua. La fête des rois, le 6 janvier, donne elle aussi lieu à des réjouissances et des danses dans de nombreux villages.

Dans les provinces de Canas et Chumbivilcas, à Ch'iyarahi et à Tuqtu, aux mois de décembre, janvier et février, ont lieu des batailles rituelles (**tinkuy**) entre les différentes communautés. Ces batailles, qui commémorent des guerres anciennes, sont des rites de fertilité agricole dont la dimension sacrificielle est très importante. De fait, les **tinkuy** s'avèrent toujours sanglants et meurtriers.

Le Carnaval (**pukllay**) marque la fin de la période de mûrissement agricole et le début des récoltes. Les morts, les Gentils et les Démons sont censés se rendre très présents pendant ces fêtes qui se déroulent en pleine période des pluies. On boit et danse pendant plusieurs jours, au son de musiques qui se veulent désordonnées. La permissivité sexuelle est alors très grande pour les jeunes gens et de nombreux couples se forment à cette occasion.

Le Lundi Saint ("Lunes Santo"), au Cuzco et dans beaucoup de villages de la région, a lieu la procession du "Señor de los Temblores" (le Seigneur des Secousses"), patron de la capitale régionale: l'énorme image du Christ Noir, maître des tremblements de terre (qui ont ravagé le Cuzco plusieurs fois au cours de son histoire), est promenée dans la cité sur des parterres de fleurs, notamment de **ñukch'u**, fleur rouge symbolisant les plaies sanglantes du Christ.

Les trois premiers jours du mois de mai, en pleine époque des moissons, a lieu la Fête des Croix ou **Kurus bilakuy** ("veillée des Croix") à Cuzco et dans la plupart des villages de la région: les croix qui bornent les territoires des communautés sont chargées des différents produits des récoltes et transportées dans une chapelle centrale pour y être adorées. On veille pendant deux nuits, les croix sont portées en procession dans le village, suivies des petites croix domestiques que chaque famille possède dans sa maison, et on prépare des repas où l'on consomme des plats préparés avec des produits de tous les étages écologiques de la cordillère. Le **Kurus bilakuy** célèbre la complémentarité des étages écologiques et l'ordre social communal qui ont permis les récoltes.

Le 15 mai, enfin, après les récoltes de maïs, les cultivateurs des céréales des différents villages remercient leur patron Saint Isidore Laboureur en une cérémonie propitiatoire de la fécondité: on promène des taureaux et on simule les semailles sur la place du village.

LA MUSIQUE ANDINE

Ce qu'on appelle "musique andine" ne constitue pas une réalité homogène. D'une part parce que chaque région possède ses propres traditions musicales et souvent même ses propres instruments. D'autre part parce que l'on peut distinguer deux traditions musicales dans les Andes: une tradition indigène qui s'est développée à l'intérieur des communautés et une tradition métisse qui s'est développée hors des communautés, dans les bourgs et les petites villes.

La première est souvent liée à des contextes rituels spécifiques: funérailles, travaux des champs, mariages, cérémonies, etc. Mais on la joue aussi dans la vie courante. Elle se manifeste en grande partie en association avec le chant, voire aussi la danse, dans des genres très spécifiques: le **harawi** et la **haycha** (chants de rituels agricoles), la **wanka** (chant de rituels agricoles et pastoraux), la **wayllina** (chant de la fête de l'eau dans le centre du Pérou), l'**ayarachi** (chant funéraire), etc. Ces genres sont étroitement liés au cycle agricole et on joue des musiques différentes à chaque étape de l'année: pendant la pleine saison des pluies, notamment pendant le Carnaval, on joue des musiques volontairement désordonnées et dissonantes, à l'image du chaos suscité par le retour des morts qui accompagnent la pluie, tandis que les musiques de la saison sèche se veulent ordonnées et harmonieuses, au moment où les fêtes des Saints patrons célèbrent l'ordre social communautaire. Cette "musique indigène" n'existe pas en enregistrements commerciaux, hormis quelques disques à caractère documentaire et ethnographique.

C'est la "musique métisse" qui a accédé, au XXe siècle, à la diffusion massive à travers les fêtes populaires, les concerts dans les théâtres et les "colisées" (grandes salles de spectacle), les concours folkloriques et, depuis une cinquantaine d'année, les disques et les cassettes. Elle est très appréciée par les paysans des communautés indigènes et les maires de district s'efforcent généralement de faire venir un de ces groupes musicaux pour animer la fête patronale de la capitale du district, où affluent les membres de toutes les communautés environnantes. Le huayno (**waynu** au Pérou, **wayñu** en Bolivie) est le genre musical métis par excellence. Son origine est coloniale et on le danse en couple, sur le modèle des danses espagnoles, tandis que les danses d'origine précolombienne comme la **qhashwa** sont exécutées collectivement, avec des chorégraphies moins libres que celles du huayno. Parmi la pleïade de chanteurs, musiciens et groupes péruviens qui ont enregistré des huaynos, mentionnons, parmi les plus appréciés, le joueur de charango Julio Benavente et les groupes "Condemayta de Acomayo" et "Hijos de Sangagará", au Cuzco; le groupe "Los Chankas" du département d'Apurímac; le groupe "Lira Paucina" de Pausa, dans le département d'Ayacucho; les groupes "Trio Ayacucho" et les chanteurs Nelly Munguía et Manuel Silva d'Ayacucho; le groupe "Los Puquiales" de Puquio ou encore les chanteurs Pastorcita Huaracina et Jilguero del Huascarán du département de Ancash.

Le huaylash (**waylash**) est un genre de musique métisse spécifique à la sierra centrale du Pérou, en particulier à la vallée du Mantaro, mais dont la popularité s'étend à l'ensemble du pays. Parmi les chanteurs qui ont fait les heures de gloire du huaylash citons Flor Pucarina ou Fabián Ochoa. Le quechua est encore la langue privilégiée des huaynos tandis que le huaylash utilise davantage l'espagnol, plus présent dans le centre du Pérou que dans le sud. Dans les concerts de huayno et de huaylash, les musiciens et les chanteurs arborent généralement le costume métis de leur région d'origine: jupes bouffantes ("pollera"), chapeau et escarpins pour les femmes, bottes et ponchos pour les hommes.

Si le huayno et le huaylash ont abandonné la dimension religieuse que la musique, le chant et la danse possèdent dans la culture andine la plus traditionnelle, il est un cas où le métissage musical n'a pas impliqué l'abandon du sentiment sacré. C'est celui de la "Danse des Ciseaux", traditionnellement jouée et dansée dans les département péruviens de Huancavelica, Ayacucho et Apurimac. Tandis que les musiciens jouent de la harpe et du violon, plusieurs danseurs exécutent successivement une danse acrobatique avec de grands ciseaux. Cette danse est une compétition dans laquelle chaque danseur (**dansaq**), qui est censé avoir fait un pacte avec le **wamani** (esprit des montagnes), s'efforce de manifester la prééminence du **wamani** qui l'inspire sur ceux qui inspirent les autres.

Ce que les européens connaissent généralement comme "musique andine" est une version très occidentalisée et touristique de la musique métisse, qui ne ressemble guère à aucune des musiques que l'on joue traditionnellement dans les Andes, que ce soit dans les villages métis ou dans les communautés indigènes.

Certains instruments sont communs aux deux traditions musicales: la quena (**qina**, flûte à sept trous), la harpe (**arpa**), le violon (**biyulin**), le charango (**charangu**, instrument à corde en forme de petite guitarre fabriqué avec une carapace de tatou), tandis que d'autres sont essentiellement indigènes: le **pinkuyllu** (flûte à bec, il y en a de tailles très différentes), le **waqrapuku** (instrument à vent fabriqué avec une corne de taureau, d'origine coloniale), le **pututu** (conque marine), la **tarqa** ou **charqa** (flûte bolivienne faite d'un roseau creux d'une quarantaine de centimètres, comportant de quatre à six trous), le **siku** (flûte de pan bolivienne), la **antara** (flûte de pan péruvienne), le **pitu** (petite flûte traversière au son aigu), la **tinya** (tambour) ou encore le célèbre **manchaypuytu**, constitué d'une quena ou d'un **pinkuyllu** placés dans une crûche de terre cuite pourvue d'ouvertures latérales permettant d'introduire les mains et de jouer de la flûte qui est à l'intérieur. D'autres instruments sont plus typiquement métis, comme la mandoline, la "bandurria" (petite guitarre) ou l'accordéon. Le charango est un instrument caractéristique des Andes méridionales et est presque inconnu au nord du Cuzco. La harpe et le violon, au contraire, peu utilisés en Bolivie et sur l'altiplano, sont parmi les instruments les plus populaires depuis le Cuzco jusqu'à l'Equateur.

La langue quechua n'est heureusement pas toujours cantonnée au domaine de la chanson traditionnelle: ces dernières années, le groupe **Uchpa** ("cendre") de la ville d'Ayacucho a enregistré trois cassettes de rock n'roll et de blues en quechua.

Nous ne saurions terminer ce bref aperçu de la musique des Andes sans mentionner ce qu'on appelle la "musique incaïque" et qui constitue en quelque sorte une musique classique andine. Elle ne date bien sûr pas de l'époque incaïque puisqu'aucune partition ne nous a été léguée par les Incas. Elle est plus récente: entre le milieu du XIXe siècle et les années 1920, de nombreux musiciens péruviens, souvent même cuzquéniens, comme Alomía Robles, Roberto Ojeda, Baltazar Zegarra, Francisco González Gamarra, entre autres, ont cherché à créer une musique nationale en s'inspirant de mélodies indigènes pour élaborer des compositions pour piano ou pour orchestre, voire des operettes et des opéras (dont certain en quechua). Croyant voir des réminiscences incaïques dans la musique indigène dont ils s'inspiraient, ils désignaient leurs compositions du nom de "musique incaïque". Cette musique, très belle et très originale, est parfois passée dans le repertoire populaire. Ainsi, le célèbre air "El cóndor pasa" provient-il d'une operette du même nom, composée en 1913 par Alomía Robles.

LA CUISINE

Le Pérou est sans doute un des pays au monde où la cuisine est la plus raffinée et diversifiée. Chaque région possède ses propres traditions culinaires et il serait bien difficile de donner une vue d'ensemble ne serait-ce que de la cuisine de la cordillère. Dans les communautés de la région du Cuzco, l'alimentation quotidienne consiste en soupes (**lawa**) de pommes de terre et de chuño ou de moraya. Le chuño (**ch'uñu**) est un produit que l'on obtient par déshidratation de la pomme de terre en la soumettant au gel pendant trois jours, puis en l'écrasant et en la faisant sécher. La moraya (**muraya**), que l'on appelle aussi **thunta** en Bolivie, est obtenue en faisant geler la pomme de terre pendant trois nuits puis en la plongeant dans l'eau d'une rivière pendant environ trois semaines avant de la laisser sécher au soleil. Ces procédés de déshidratation et de conservation très anciens permettent de conserver la pomme de terre pendant au moins cinq années. Ils sont aussi appliqués aux autres tubercules (par exemple à la oca ou **uqa**, dont on obtient la **khaya**) et même au maïs (dont on obtient la **chuchuqa**). Sans cette possibilité de conserver longtemps les aliments, la vie des communautés de la puna serait impossible car les gelées peuvent faire disparaître en une nuit toute la récolte de l'année. Les soupes sont consommées le matin et le soir. En milieu de journée, les paysans ou les pasteurs ne rentrent généralement pas chez eux pour prendre un repas mais restent dans les champs ou les paturages qui sont généralement assez éloignés de leur maison. Ils emportent alors un **quqawa** (repas froid) fait de pomme de terre, de chuño, de moraya, de **mut'i** (maïs bouilli), de **phuspu** (fêves bouillies) et de **hank'a** (maïs grillé). On ne consomme de la viande de mouton (**uha**), de lama (**llama**), d'alpaca (**paqucha**) ou de cochon d'Inde (**quwi**) que dans des occasions spécifiques, que ce soit sous forme de rôti (**kanka**), de viande séchée (**charki**, exclusivement élaboré avec de la viande de lama et d'alpaca) ou dans les soupes de chuño et de pomme de terre. Dans les punas de la région du Cuzco, les fêtes sont aussi l'occasion de consommer le "**pitu** de **qañiwa**", délicieux mélange de chicha (alcool de maïs) et de farine de **qañiwa** (plante de la puna à petits fruits blancs) grillée et sucrée.

L'alimentation dans les vallées et dans les bourgs est généralement plus diversifiée et plus riche que dans les punas. Parmi les plats qui sont préparés par les gens des vallées lors des fêtes principales, mentionnons le **chiri-uchu** (composé de différentes viandes froides, d'algues de **quchayuyu**, de fromage et de piment); la **llulluch'a** (algue des lacs des punas) bouillie avec du lupin (**tarwi**) moulu; le **q'apchi**, soupe de lait au fêves fraiches, au fromage et aux champignons que l'on prépare au moment de la récolte des fêves; le "lechón" porcelet grillé accompagné d'**umita**, pâte de maïs moulu avec du sucre et du sel, boullis dans des feuilles de maïs; le **sankhu**, pain ou pâte de farine de maïs et de blé grillés mélangée avec de l'eau et du sucre. Le piment (**uchu**) et le sel (**kachi**) accompagnent toujours ces plats.

Il en va de la cuisine andine comme de la musique: on ne la présente que rarement aux étrangers et le voyageur pourra regretter de ne pouvoir la goûter dans presque aucun restaurant des pays andins. La tradition culinaire andine, pourtant très riche, ne jouit pas d'un grand prestige dans les Andes mêmes. On la consomme à la maison mais on n'ose guère la proposer aux touristes, craignant que ses saveurs et ses ingrédients, si exotiques pour des étrangers, n'effraient la clientèle. Ce n'est guère que dans les "picanterías", tavernes populaires des villes andines, que le voyageur pourra apprécier certains plats, notamment le **q'apchi**, au mois d'avril.

La toponymie des pays andins est fortement marquée par les variétés locales du quechua. Le nom de la capitale du Pérou, Lima, provient du nom du fleuve au bord duquel elle a été construite, le Rímac (< **rima-q** "celui qui parle"). L'évolution phonétique que l'on observe entre les deux mots ne saurait cependant être attribuée à une influence de l'espagnol. Elle est au contraire propre à certains parlers quechuas (comme le **wanka** ou l'ancienne langue générale de la côte), dans lesquels le **r** initial s'est changé en **l** et où le **q** n'est pas prononcé. Cette dernière évolution est perceptible par exemple dans le nom de la ville de Huancayo (< **Wanka-yu[q]** "endroit où il y a des Huancas (ancienne ethnie du centre du Pérou)". Cajamarca provient de **kasha** "épine" et **marka** "ville", deux termes caractéristiques des parlers quechuas du centre du Pérou. Dans les Andes du sud, les noms de nombreuses villes ne s'expliquent pas directement dans les variétés locales et actuelles du quechua mais portent au contraire l'empreinte de l'ancienne langue générale de l'empire Inca, qui n'était pas le quechua du Cuzco mais celui de la côte centrale (notamment de Lima, Pachacamac et Chincha). Cette variété quechua sonorisait les occlusives dans certaines positions et prononçait par exemple **anda** "cuivre" ce que l'on prononce **anta** en quechua du sud. D'où des noms tels que Andamarca (**Andamarka** "le village de cuivre"), communauté du département d'Ayacucho, ou Andahuaylas dans le département d'Apurimac. On observe le même phénomène dans deux autres éléments extrêmement fréquents des toponymies andines: **tambu** "caravansérail" et **bamba** "plaine". Ces termes se prononcent respectivement **tampu** et **pampa** en quechua méridional. Remarquons cependant que dans le cas au dernier élément, c'est la forme **pamba** qui signifie "plaine" dans les parlers quechua septentrionaux tandis que la sonorisation de la première occlusive dans la toponymie constitue un phénomène non encore expliqué. Cette empreinte de l'ancienne langue générale du **Tawantinsuyu** se retrouve dans de très nombreuses toponymies: Cochabamba (< **qucha pamba** "plaine du lac"), Antabamba (< **anta pamba** "plaine du cuivre", Cajatambo (< **kasha tambu** "caravansérail des épines"), Ollantai-tambo (**Ullanta-y tambu** "caravansérail de Ollanta" où **-y** représente le suffixe compositeur), etc. Le nom de la ville d'Ayacucho provient de celui d'une plaine avoisinnante qui s'appelle **Ayakuchu** en quechua, que l'on doit très probablement interprêter comme "le coin (**kuchu**) des dépouilles mortelles (**aya**)". Le nom de la ville de Huancavelica provient de **Wanka willka**, que l'on peut peut-être interprêter comme "l'ancêtre des Huancas". Très nombreux sont aussi les toponymes comportant les éléments **pata** "terrasse", **mayu** "rivière", **llaqta** ou **marka** "village", **urqu** "montagne" ou **wari** "être hybride, divinité du monde souterrain".

Mais dans la plupart des cas, il est bien difficile d'entrevoir l'étymologie des noms des villes, des régions ou des montagnes des Andes, malgré les étymologies populaires ou fantaisistes qui courent ça et là, car leur origine est sans doute trop ancienne et trop complexe pour être facilement saisissable à partir de l'état de la langue actuelle. Sans compter que de nombreuses toponymies des zones quechuaphones n'ont probablement pas leur origine dans la langue quechua, dont l'expansion panandine est relativement récente, mais dans d'autres langues dont il ne reste plus guère de traces. Ainsi, malgré l'affirmation du chroniqueur colonial Garcilaso de la Vega, Cuzco (**Qusqu**) ne signifie pas "nombril" et son étymologie ne s'explique pas par le quechua, de même que celle d'Arequipa qui ne provient pas de **arí, qhipa-y** "oui, reste", contrairement à ce que voudrait l'étymologie populaire. Il faut plutôt voir dans le dernier élément formant le nom de cette cité un élément **kipa**, que l'on retrouve dans plusieurs toponymies de la région, et qui appartient sans doute à une langue de substrat que nous ne connaissons pas.

INDEX ALPHABÉTIQUE DES SUFFIXES

-cha diminutif
-cha- transformatif transitif
-chá conjecturel
-chi- postverbe factitif
-chis pluralisateur de 2ème pers.
-chu interrogatif
-chu négatif
-chun impératif 3ème pers. sing.
-chus interrogatif dubitatif
-chusina dubitatif
-hina cas comparatif
-kama cas terminatif
-ku pluralisateur de 1ère et 3ème pers.
-ku- postverbe orientateur d'actance 1
-kuna pluriel
-lla restrictif
-má contradicteur
-man cas allatif
-man optatif
-manta cas ablatif
-mi assertif (forme postconsonantique)
-mpa positionnel
-mu- postverbe orientateur d'actance 2
-n possessif 3ème pers. sing.
-n partitif
-n 3ème pers. verbale sing.
-n assertif (forme postvocalique)
-na nominalisateur potentiel
-na- postverbe réciproque
-naya- postverbe désidératif
-nchis possessif 1ère pers. incl. plur.
-nchis 1ère pers. verbale incl. plur.
-ni 1ère pers. verbale sing.
-nki 2ème pers. verbale sing.
-nki futur 2ème pers. sing.
-nqa futur 3ème pers. sing.
-nta cas translatif

-ntin totalisateur
-ña accompli
-ñiq approximatif
-ñiqin numéral
-ñiray ~ -ñiraq assimilatif
-pa cas génitif (forme postconsonantique)
-pa- posverbe répétiteur
-pacha intégral
-paku- postverbe orientateur d'actance complexe
-paq cas bénéfactif
-pas / -pis inclusif
-paya- postverbe excessif
-paya- postverbe accompagnatif
-pi cas locatif
-pu- postverbe orientateur d'actance 3
-puni absolu
-pura interactif
-puwan cas associatif
-q cas génitif (forme postvocalique)
-q nominalisateur agentif
-qa thématisateur
-qti- gérondif 2
-ra- extractif
-raq inaccompli
-raya- / -laya- postverbe duratif
-rayku cas causal
-ri- postverbe dynamique
-ri thématisateur associatif
-rpari- / -ypari- posverbe impulsif
-rqa- / -ra- prétérit
-rqari- postverbe multiplicateur dynamique
-rqu- / -ru- postverbe centrifuge
-s citatif (forme postvocalique)
-sapa augmentatif
-saq futur 1ère pers. sing.
-sha- progressif
-shwan optatif 1ère pers. incl. plur.
-si citatif (forme postconsonantique)
-spa gérondif 1
-sqa nominalisateur perfectif

-sqa parfait
-sunchis / **-sun** futur 1ère pers. incl. plur.
-sunki 3ème pers. verbale sujet + 2ème pers. objet
-taq contrastif
-ta cas accusatif
-wa- 1ère pers. verbale objet
-wan cas instrumental
-waq optatif 2ème pers. sing.
-y substantif verbal
-y marque de première personne verbale à l'optatif
-y compositeur
-y possessif 1ère pers. sing.
-ya- transformatif intransitif
-yá évidenciel
-ykacha- ~ **-kacha-** postverbe dispersatif
-yki possessif 2ème pers. sing.
-yku possessif 1ème pers. excl. plur.
-yku 1ère pers. verbale excl. plur.
-yku- / **-yu-** postverbe centripète
-yman optatif 1ère pers. sing.
-ymana- / **-rmana-** postverbe intériorisateur
-yqari- postverbe mutiplicateur statique
-ysi- posverbe associatif
-yuq dérivatif possessif

LEXIQUE

QUECHUA - FRANÇAIS

A

achhu- se déplacer
agradisi- remercier
aka excrément
aklla- choisir
alistaku- (< esp. "alistar" + **-ku-**) se préparer
alla- récolter (des tubercules)
allicha- arranger
allin bien
allpa, hallp'a terre (matière)
almusa- (< esp. ancien "almoçar") prendre le repas du matin
almusu (< esp. ancien "almueço") repas du matin
alqu (< **allqu**) chien
alumnu (< esp. "alumno") élève
ama ne (*prohibitif*)
ancha très
animal (< esp. "animal") animal
anya- (transitif) gronder
apa- porter
apachi- envoyer (une lettre)
apu esprit d'une montagne
aqha chicha (alcool de maïs)
aqu sable
arma- doucher, baigner (sous de l'eau courante)
as un peu, une certaine petite quantité
ashkha < (**achkha**) beaucoup
asi- rire
asinda (< esp. "hacienda") propriété terrienne
asna- sentir mauvais
asnu (< esp. "asno") âne
asta- déplacer, transporter
astana abri de berger dans la puna
asul (< esp. "azul") bleu
asukar (< esp. "azúcar") sucre
aswan plus
ati- surpasser, pouvoir, arriver à
atuq renard
awa- tisser
awila (< esp. "abuela") grand mère

awilu (<esp. "abuelo") grand père
awtu (< esp. auto") voiture
aya cadavre
aycha viande
ayllu ensemble d'éléments liés par une relation de parenté: famille, communauté, espèce, etc..
ayni échange de prestations de travail
aypa- atteindre
ayqi- fuir, s'échapper
aysa- tirer par une bride ou une anse
aysharu (< esp. "ahijado") filleul

B

baha- (< esp. "bajar") baisser un prix, faire une ristourne
baña- (< esp. "bañar") baigner (dans un liquide stagnant)
binu (< esp. "vino") vin
biyahi (< esp. "viaje") voyage: **biyahita puri-** "faire un voyage"
biyulin (< esp. "violín") violon
bola (< esp. "bola") ballon: **bolata hayt'a-** "jouer au football"

CH

chaka pont
chakan jambe
chaki pied
chakitaklla bêche à pied
chakra champ
challwa poisson
chaski- recevoir
chawpi milieu
chay cela
chaya- arriver
chayachi- cuire; amener
chichu enceinte
chika une certaine grande quantité
chikchi grêle

chimpa endroit d'en face
china femelle
chinka- disparaître
chiqaq vrai
chiri froid
chiri- faire froid
chukcha cheveu
chumpi ceinture
chunka dix
chupa queue
chuqllu épi de maïs
chura- placer, mettre
churi fils d'un homme
chuta- tirer, étirer

CH'

ch'aki sec
ch'aki- "faire soif"
ch'apra branche, arbuste
ch'aran humide
ch'arki viande séchée
ch'aska échevelé; étoile
ch'in silencieux, sans un bruit
ch'isi soir (entre la tombée du jour et l'heure de se coucher)
ch'uklla maison rudimentaire des pasteurs de puna
ch'ulla un seul (dépourvu de l'élément avec lequel il fait normalement paire)
ch'ullu bonnet
ch'unchu sauvage de la forêt
ch'usa- s'absenter, ne pas être à un endroit
ch'usaq vide
ch'uspi mouche
ch'uya pur, limpide

CHH

chhanqa- écraser en jetant sur quelque chose

chhayna ainsi

D

dali- (< esp. "dale!") frapper avec force
dibuja- (< esp. "dibujar") dessiner
dibujo (< esp. "dibujo") dessin
dumingu (< esp. domingo") dimanche

F

fruta (< esp. "fruta") fruit (à manger)

G

gusta- (< esp. "gustar") plaire

H

haku! allons-y!
hak'u farine
hampi remède, médicament
hampi- soigner
hamp'atu crapaud
hamu- venir
hananáw! ouf! (exclamation exprimant la fatigue)
hanaqpacha ciel (invisible)
hanku cru
hank'a (< **hamk'a**) maïs ou fêves grillés
hank'a- (< **hamk'a-**) griller du maïs ou des fêves
hap'i- attraper, prendre
haqay (< **chhaqay**) celui-là là-bas
hark'a- empêcher, faire obstacle à
hatari- se dresser, se lever
hatun grand
hawa extérieur, dessus

hawaruna étranger
hawas fêve
hayk'a combien
hayk'aq (< **hayk'ap**) quand
hayku- (< **yayku-**) entrer
hich'a- verser, jeter en déversant
hina ainsi
hinaspa alors
Hintil (<esp. "gentil") Gentil, païen, être préculturel ayant peuplé le monde avant l'apparition du soleil
hisp'a- uriner
huch'uy petit
hucha faute, péché
huk un
huk'ucha souris
hump'i sueur
hunt'a plein
hunt'a- remplir
hunu (archaïque) million
hutk'u trou (étroit et profond)
huñu- rassembler (en appelant, en guidant, sans transporter)
hurqu- tirer, retirer, faire sortir quelque chose d'un intérieur
husut'a sandale
huywis (< esp. "jueves") jeudi

I

icha sinon, ou alors
ichaqa au contraire, n'étant pas ainsi
ichhu paille de la puna
ikhuri- (< **rikhuri-**) apparaître
illari- s'illuminer faiblement (pour les lueurs de l'aube)
ima quoi
imana- que faire?
imani- que dire?
imaymana toutes sortes
imayna comment
inlisha (< esp. "iglesia") église
inti soleil

iphu bruine
irqi, hirq'i garçon (qui marche déjà mais a moins de dix ans)
iskay deux
iskuyla (< esp. "escuela") école
ispara (< esp. "espada") épée
isqun neuf

K

ka- être, exister, être à un endroit, y avoir
kabra (< esp. "cabra") chèvre, bouc
kacha- expédier, envoyer
kachi sel
kaphiy (< esp. "café") café
kalli (< esp. "calle") rue
kallpa force
kamachi- ordonner
kamisa (< esp. "camisa") chemise
kana- brûler (transitif), incendier
kancha enclos
kani- mordre, piquer
kanka rôti
kanka- rôtir
karitira (< esp. carretera") route
karpa tente
karru (< esp. "carro") bus
karta (< "carta") lettre
karu loin
kasa- (< esp. "caza") chasser
kasara- (< esp. "casar") marier
kastillasimi (< esp. "Castilla" + que. **simi** "langue") espagnol
kasuku- (< esp. "caso" + **-ku-**) obéir
kawallu (< esp. "caballo") cheval
kawitu lit traditionnel en milieu rural
kawsa- vivre
kawsay vie; coutumes, tradition; vivres
kay ceci
kicha- ouvrir
kiki- (+ possessif) moi-même, toi-même, lui-même, etc.

killa lune; mois
kinsa (< **kimsa**) trois
kiru dent
kishka (< **kichka**) épine
kuchara (< esp. "cuchara") cuillère
kuchillu (< esp. "cuchillo") couteau
kuchu- couper
kuhichu (< esp. "cosecha") récolte
kuka coca
kulur (esp. "color") couleur
kumari (< esp. "comadre") commère
kumbida- (< esp. "convidar") offrir quelque chose (en invitant)
kumpari (< esp. "compadre") compère
kunan maintenant
kundur condor
kunka cou; voix
kura (< esp. "cura") curé
kuraq ainé
kurpu (< esp. "cuerpo") corps
kuru ver de terre
kusa bien
kusa- cuire à la braise
kusi joie
kusiku- être content
kuska ensemble
kuti- retourner (intr.)
kutichi- répondre.
kuyu- bouger
kuwartu (< esp. "cuarto") chambre
kwesta- (< esp. "cuesta") coûter
kwintu (< esp. "cuento") conte

K'

k'ancha- briller
k'anka coq (aliment)
k'aska- être collé
k'aspi bâton, bois
k'iri- blesser
k'uchu coin
k'ullu bois, tronc
k'utu- mordiller, ronger
k'uychi arc-en-ciel

KH

khayna ainsi, comme ceci
khipu noeud
khuchi (< esp. "coche") cochon
khuya- éprouver de la compassion
khuyay tristesse

L

lamarqucha (< esp. "la mar" + que. **qucha** "lac") mer
lapis (< esp. "lapiz") crayon, stylo
laq'a- tomber avec force
laranha (< esp. "naranja") orange
laru (< esp. "lado") endroit
lasi (< esp. "clase") sorte
latanus (< "plátano") banane
lawa soupe
lichi (< esp. "leche") lait
Lima Lima
liwru (< esp. "libro") livre
liyi- (< esp. "leer") lire
lunis (< esp. "lunes") lundi
luru (< esp. "loro") perroquet

LL

llaki triste, affligé, tristesse
llaki- être triste
llama lama
llamp'u doux au toucher ou de caractère
llank'a- (< **llamk'a-**) travailler
llank'ana (< **llamk'ana**) outil
llant'a bois sec
llanthu ombre
llapa, llipi tous
llaqta communauté, village, ville, nation
llasa lourd
llasa- être lourd, peser
llawi (< esp. "llave") clé
llawi- (< esp. "llave") fermer à clé
lliklla pièce de tissu que les femmes portent sur les épaules
llimp'a- déborder
lliw tout
llulla- dire des choses gentilles (pour tromper ou consoler)
llullaku- mentir
lluqlla effondrement d'un versant de montagne sous l'effet de la pluie
lluq'i gauche
lluqsi- sortir
lluthu perdrix

M

macha- être ivre
mach'aqway serpent
machu vieil homme
maki main
mallki plante (qui a été plantée)
mama mère
mana non
manka marmite
manu dette (d'argent), endetté

mancha- éprouver un sentiment d'infériorité ou de crainte, respecter
manchaku- craindre, avoir peur
manchay énormément
maña- prêter
mañaku- emprunter, demander qu'on vous prête
maqa- frapper
maqchhi- laver
maqt'a garçon (10-15 ans)
marka ruine de village perché où vivaient les Gentils
martis (< esp. "martes") mardi
masi compagnon
maskha- chercher
mast'a- étendre
mawk'a usé (pour tout objet sauf textile)
may quel
mayqin lequel
mayu rivière, fleuve
michi (< esp. "michi") chat
michi- faire paître
mikhu- manger
mikhuna "nourriture"
mikhuy "(produit de la) récolte", plantes alimentaires
millay laid, affreux, repoussant, dégoutant, méchant, qui inspire un sentiment d'horreur et de rejet
millma, willma laine
minchha après demain
mink'a échange d'une prestation de travail contre de l'argent ou des denrées
mira- se multiplier
mirkulis (< esp. "miércoles") mercredi
misa (< esp. "mesa") table; (< esp. "misa") messe
misk'i doux au gout
misti (< esp. "mestizo") non indien
muchu- souffrir par manque de quelque chose
much'a- donner un baiser
muhu semence
mula (< esp. "mula") mule
muna- vouloir
munay joli

munti (< esp. "monte") endroit boisé
muqu éminence, colline
muskhi- (< **mutkhi-**) sentir par l'odorat
muspha- perdre le sens, délirer, perdre son contrôle; être fou
musqu- rêver
musuq neuf, nouveau
mut'i maïs bouilli
muyu- tourner

N

nana- faire mal
nasi- (< esp. "nacer") naître
ni (< esp. "ni") ni
ni- dire
nina feu
ninri, rinri oreille
nishu (< esp. "necio") très, trop

Ñ

ñak'ari- souffrir (de douleur physique ou morale)
ñan chemin, route
ñaña soeur d'une femme
ñawi oeil
ñawpa, ñawpaq avant, partie de devant; avant, autrefois, ancien
ñawsa aveugle
ñit'i- écraser
ñuqa, nuqa je, moi
ñuqanchis, nuqanchis nous (incl.)
ñuqayku, nuqayku nous (excl.)
ñut'u petit morceau

P

pachak cent
Pachamama "la Mère du Sol", divinité chtonienne de la fécondité
paga- (< esp. "pagar") payer
paka- cacher
palla- ramasser, cueillir
pampa sol, plat
pana soeur d'un homme
paña droite, côté droit
panta- se tromper, pécher (avec une femme ou un homme)
pantalon (< esp. "pantalón") pantalon
papa pomme de terre
papa (< esp. "papá") papa, père
papil (< esp. "papel") papier
paqari- se lever (pour le soleil)
paqarin matin; demain
paqta attention
paqu guérisseur
paqu, paqucha alpaca
para pluie
para- pleuvoir
pasa- (< esp. "pasar") aller (en franchissant une limite)
pata dessus; terrasse
pataña banc de pierre
pay il, lui, elle
paya vieille femme
pi qui
picha- nettoyer, balayer
piki puce
pirqa mur
Piruw (< esp. "Perú") Pérou
pisi peu
pisku (< esp. "pisco") pisco, alcool de raisin
pishqa (< **pichqa**) cinq
pisqu oiseau
pita- (< esp. "pitar") fumer
puka rouge
puklla- jouer

pukyu source
puna puna, étage écologique situé au-dessus de 3800 ou 3900 mètres
punchu (< esp. "poncho") poncho
punku porte
puñu- dormir
puñuna lit
puqu- mûrir
puri- marcher
purun terre inculte
pusa- mener (quelqu'un ou un animal)
pusaq huit
pushka (< **puchka**) quenouille

P'

p'acha vêtement
p'aki- casser, rompre
p'aqu blond
p'inqaku- avoir honte
p'ita- sauter
p'ukru trou large et peu profond, concavité
p'unchaw, p'unchay jour

PH

phamilla (< esp. "familia") famille
phawa- voler; courir
phiña méchant, féroce
phiñaku- être en colère
phista (< esp. "fiesta") fête
phuku- souffler
phukuna tube de métal dans lequel on souffle pour attiser le feu
phuru plume
phuspu fêves bouillies
phuspuru (< esp. "fósforo") allumette
phuyu nuage

phuyu- se couvrir de nuages

Q

qallari- commencer
qallu langue (organe)
qan (< **qam**) tu, toi
qanchis sept
qaqa rocher
qara peau, cuir
qara- donner à manger, alimenter
qarpa- irriguer
qasa gel
qasi tranquile
qati- suivre, mener (un troupeau)
qaylla proche
qayna précédent
qichu- enlever (quelque chose à quelqu'un)
qilqa (< **qillqa**) écrit, message
qilqa- (< **qillqa-**) écrire
qina quena (flûte)
qu- donner
qucha toute étendue d'eau
qulqi (< **qullqi**) argent
qunqa- oublier
quqawa casse-croute (que l'on emporte pour une journée de travail ou de voyage)
qura herbe (non comestible)
quri or
qurpa hôte
qurpacha- loger
qusa mari
Qusqu Cuzco
quwi cochon d'Inde
quyllu blanc brillant
quyllur étoile (en voix de disparition au profit de **ch'aska**)

Q'

q'ala tout
q'asa col (de montagne)
q'asu- frapper avec un bâton
q'illu jaune
q'ipi charge que l'on porte sur le dos
q'ipi- porter sur le dos
q'iswa corde de chanvre
q'umir vert
q'uncha foyer
q'uñi chaud
q'usñi fumée

QH

qhali sain, en bonne santé
qhapaq riche
qhaqya tonnerre
qhari homme (par opposition à "femme")
qhatu marché
qhatu- vendre sur le marché
qhawa- regarder
qhishwa (< **qhichwa**) écologie de vallée (entre 2000 et 3400 mètres d'altitude)
qhilli sale
qhipa partie arrière; futur, prochain, à venir
qhipa- rester en arrière

R

radiyo (< esp. "radio") radio
ranti- acheter
raphi feuille
rapra aile

raras (< esp. "gradas") escalier
ratu (< esp. "rato") moment
regala- (< esp. "regalar") offrir, faire un cadeau
ri- aller
rikch'aku- ressembler à
rikch'ari- se réveiller
rikch'ay partie externe et visible de quelque chose
rikra épaule
riku- voir
rima- parler
ripara- (< esp. "reparar") se rendre compte
riqsi- connaître
riru (< esp. "dedo") doigt
rit'i neige
ruk'ana doigt (en voie de disparition au profit de **riru** < esp. "dedo")
rumi pierre
runa personne, humain, gens; indien
runasimi "langue des indiens", quechua
runtu oeuf
rupha- faire chaud, brûler par excès de chaleur
ruphay chaleur
ruru fruit (sur les arbres)
rutu- couper en fauchant
rutuna faux
ruwa- faire
ruwal (< esp. "lugar") divinité chtonienne des montagnes

S

sach'a plante sauvage
saksa- être rassasié
saku (< esp. "saco") veste
sama- respirer, expirer; se reposer
sapa chaque
sapanka chacun
sapatu (< esp. "zapato") chaussure
saqi- laisser
saqra démon, diable

sara maïs
saru- marcher dessus
sasa difficile
sat'i- enfoncer quelque chose de pointu dans un trou
sawaru (< esp. "sábado") samedi
saya- être debout
sayk'u- être fatigué
serka- (< esp. "cerca") s'approcher
sichus (< esp. "si" + que. **-chus**) si
sigaru (< esp. "cigarro") cigarette
simana (< esp. "semana") semaine
simi bouche; langue, langage
sinchi très
sinqa nez
siñura (< esp. "señora") dame (non indienne)
sipas jeune fille
sipi- tuer
siqa- se déplacer (sur un axe vertical)
sira- coudre
sisi fourmi
siwara (< esp. "cebada") orge
siylu (< esp. "cielo") ciel (visible)
sulpáy (< hybride esp. que. **Dios pagarasunki**) merci
sumaq beau, bon
sumbriru (< esp. "sombrero") chapeau
sunqu partie interne de l'individu, siège de sa substance vitale
supay diable, démon
suqta six
suq'u- aspirer; boire de l'alcool
sut'i clairement perceptible, réel
suti nom
suwa voleur
suwa- voler
suya- attendre
suyu (*archaïque*) région, partie d'un espace géographique

T

taka- frapper (à la porte)
taki chant
taki- chanter
taksa petit (de taille)
tanqa- pousser
tanta- rassembler en portant
tapu- poser une question
tardi (< esp. "tarde") coucher du soleil
tardiya- (< esp. "tarde" + **-ya-**) se coucher (pour le soleil)
tari- trouver
taripa- rattraper
tawa quatre
Tawantinsuyu "les quatre régions ensemble" = l'empire inca
tawna baton
tayanka arbre et bois de **tayanka**
tayta (< esp. "taita") père
Taytacha (< esp. "taita" + diminutif **-cha**) Dieu
tikras (< esp. "tijeras") ciseau
timpu (< esp. "tiempo") temps, époque
tinda (< esp. "tienda") magasin
tinku- rencontrer (dans une bataille, un affrontement, un rendez-vous)
tiy (< esp. "té") thé
tiya (< esp. "tía") tante
tiya- être assis; habiter
tiyana chaise
tiyu (< esp. "tío") oncle
trigu (< esp. "trigo") blé
trucha (< esp. "trucha") truite
tuku- terminer; (+ complément à l'allatif): se transformer en
tukuy tout
tullu- os; tige
tuma- (< esp. "tomar") boire de l'alcool
tupa- (< esp. "topar") rencontrer par hasard
tura frère d'une femme
turiya- (< esp. "torear") embêter
turus (< esp. "toros") corrida
tusu- danser

tuta nuit
tutamanta le matin (entre le lever du jour et 8 heures environ)

T'

t'aka- répandre en jetant
t'anta pain
t'aqa- séparer
t'aqsa- laver un vêtement ou des cheveux
t'ika fleur
t'ikra- retourner (transitif)
t'impu- bouillir
t'uqu grand trou étroit et profond
t'uqya- éclater, exploser
t'uru boue

TH

thani- cesser (pour la pluie ou une douleur)
thanta usé (pour un vêtement)

U

uchu piment
uha, uwiha (< esp. "oveja") mouton, brebis
ukhu partie interne, de dessous, en deçà d'une superficie
ukhupacha inframonde, monde souterrain
ukuku ours
ukya-, uha- (< **upya-**) boire (quelque chose de non alcoolisé)
uma tête
uña petit d'animal
una- durer, tarder
unay longtemps
unqu- être malade; être enceinte
unu eau
upa idiot
upalla- se taire

uqa oca (tubercule comestible andin)
uqari- lever, soulever
uqi gris
uqlla- tener dans son giron
ura partie basse
ura- descendre
uras (< esp. horas") heure
urma- tomber
urpi colombe
urqu montagne; mâle
uspaláy (< hybride esp. que. **Dios pagarasunki**) merci
usqhay (< **utqhay**) rapide, vite
ususi fille d'un homme
uya visage
uyari- écouter
uywa animal domestique
uywa- élever un animal ou un enfant, entretenir une personne

W

wacha- mettre bas
wak autre
waka vache, taureau
wakcha pauvre, orphelin
waki une partie d'un ensemble
wali- (< esp. "vale") servir à quelque chose
waliku- (< esp. "vale" + **-ku-**) recevoir un service de quelqu'un
wallpa poule, poulet, coq
wana- cesser de faire, se corriger
wanu engrais de fiente d'oiseau
wañu- mourir
wañuq mort (humain)
wañusqa mort (animal)
waqa- pleurer
waqra corne (en voie de disparition au profit de **asta** < esp. "asta")
waqta- battre, frapper horizontalement
waqya- appeler
waranqa mille

warku- accrocher
warma adolescent
warmi femme
wasa dos
wasi maison
waskha corde
wata année
wata- attacher
watu attache
watu- deviner
watuku- s'enquérir d' un absent
watya coction de pommes de terre dans des mottes de terre préalablement chauffées par un feu
watya- préparer une **watya**
wawa enfant
wawqi frère d'un homme
wayk'u- cuisiner
wayllu- aimer, chérir
wayna jeune homme
wayq'u vallée étroite et encaissée
wayra vent
wicha- monter
wichay partie haute d'un espace
wik'uña vigogne
wikch'u- (< **wisch'u-**) jeter, abandonner
wiksa ventre
willa- dire, révéler, raconter
willaku- conter
wintana (< esp. "ventana") fenêtre
winti- (< esp. "vender") vendre
wiña- croître, grandir
wiñay toujours
wira graisse
wiraqucha monsieur (non indien)
wirnis (< esp. "viernes") vendredi
wisq'a- (< **wichq'a-**) fermer

Y

yacha- savoir
yachachi- enseigner
yachachiq professeur
yana noir
yana petit ami, fiancé
yanapa- aider
yanqa sans contrepartie, qui ne peut s'échanger, donc inutile, vain, etc.
yapa- ajouter
yapu- labourer
yaqa presque, à peu près
yarqa-, rarqa- (< **yarqa-**) "faire faim"
yarqha, rarq'a (< **rarq'a**) canal d'irrigation
yasta (< esp. "ya está") ça y est, désormais
yawar sang
yunga écologie tropicale (en dessous de 2000 mètres)
yupa- compter
yuraq blanc
yuya- avoir à la conscience, à l'esprit, en mémoire

LEXIQUE

FRANÇAIS - QUECHUA

A

absenter (s') **ch'usa-**
accrocher **warku-**
acheter **ranti-**
adolescent **warma**
aile **rapra**
aimer (quelque chose) **muna-**; (d'amour) **munaku-**, **waylluku-**
ainsi **hina**; (comme ceci) **khayna**; (comme cela) **chhayna**; (comme cela là-bas) **haqayna**
ajouter **yapa-**
aller (sans franchir une limite) **ri-**; (en franchissant une limite) **pasa-**
allumer (la lumière) **k'anchachi-**; (le feu) **hap'ichi-**
allumette **phuspuru**
alpaga **paqu**, **paqucha**
ami **amigu**, **wawqi**
âne **asnu**
animal (domestique) **uywa**, **animal**; (sauvage) **animal**
année **wata**
apparaître **ikhuri-**
appeler **waqya-**
approcher (s') **achhuyku-**
après demain **minchha**
arc-en-ciel **k'uychi**
argent **qulqi**
arranger **allicha-**
arriver **chaya-**
asseoir (s') **tiya-**
attacher **wata-**
atteindre **aypa-**
attendre **suya-**
attention! **paqta!**
attraper **hap'i-**
autre (un ou des éléments par rapport à d'autres) **huk**; (un ou des éléments par rapport à d'autres avec lesquels ils n'ont rien à voir) **wak**; (un ou des éléments par rapport à d'autres avec lesquels ils forment un ensemble) **wakin**
autrefois **ñawpaq**
aveugle **ñawsa**

B

baigner (se) **baña(ku)-**
baisser un prix **baha-**
ballon **bola**
banane **latanus**
banc (de pierre) **pataña**
bas (partie basse) **ura, uray**
bâton **k'aspi**
battre (en frappant sur le côté) **waqta-**
beau **sumaq**
beaucoup **ashkha**
bébé **wawa**
bien **allin, kusa, sumaq**
blanc **yuraq**; (blanc brillant) **quyllu**
blé **trigu**
blesser **k'iri-**
bleu **asul**
blond **p'aqu**
boire (une boisson non alcoolisée) **ukya-**; (une boisson alcoolisée) **tuma-**
bois (matière) **k'ullu**; (bois sec) **llant'a**
bouc **kabra**
bouche **simi**
boue **t'uru**
bouger **kuyuri-**
bouillir **t'impu-**
branche **ch'apra**
briller (en éclairant) **k'ancha-**; (émettre une lueur) **illari-**; (émettre des jets de lumière) **lliplli-**; (émettre des reflets lumineux, étinceler) **chhipchi-**
bruine **iphu**
brûlant **rupha**
brûler (transitif, en mettant le feu) **kana-**; (transitif, par une forte chaleur) **rupha-**; (intransitif, se consumer par le feu) **rawra-**
bus **karru**

C

cacher **paka-**
cadavre **aya**
café **kaphiy**
canal d'irrigation **yarqha, rarq'a**
casse-croûte (que l'on emporte pour une journée de marche ou de voyage) **quqawa**
casser **p'aki-**
ceci **kay**
cela **chay**
celui-là là-bas **haqay**
cent **pachak**
cesser (de faire une action) **wana-**; (pour la pluie ou une douleur) **thani-**
chaise **tiyana**
chaleur **ruphay**
chambre **kwartu**
champ **chakra**
chant **taki**
chanter **taki-**
chapeau **sumbriru**
chaque **sapa**
chasser **kasa-**
chat **michi**
chaud **q'uñi**; faire chaud: **rupha-**
chaussure **sapatu**
chemin **ñan**
chemise **kamisa**
chercher **maskha-**
cheval **kawallu**
cheveu **chukcha**
chèvre **kabra**
chicha (alcool de maïs) **aqha**
chien **alqu**
choisir **aklla-**
ciel (visible) **siylu**; (invisible) **hanaqpacha**
cigarette **sigaru**
cinq **pishqa**
ciseau **tikras**

clair (que l'on peut percevoir clairement) **sut'i**; (limpide) **ch'uya**
clé **llawi**
coca **kuka**
cochon **khuchi**
cochon d'Inde **quwi**
coin **k'uchu**
col (de montagne) **q'asa**
coller (intransitif) **kaska-**; (transitif) **kaskachi-**
colline **muqu**
colombe **urpi**
combien **hayk'a**
commencer **qallari-**
comment **imayna**
commère **kumari**
communauté **ayllu, llaqta, kumunirar**
compère **kumpari**
comprendre **intindi-, unancha-**
compter **yupa-**
condor **kundur**
connaître **riqsi-**
conte **kwintu**
content **kusisqa**
conter **willaku-**
coq (animal vivant) **wallpa**; (animal que l'on mange) **k'anka**
corde (en général) **waskha**; (de paille torsadée) **q'ishwa**
corne **asta, waqra**
corps **kurpu**
corrida **turus**
cou **kunka**
coudre **sira-**
couleur **kulur**
couper (avec un couteau) **k'uchu-**; (du blé ou des cheveux, en fauchant) **rutu-**; (du maïs pour la récolte) **kallcha-**; (un membre) **wit'u-**; (quelque chose qui dépasse) **qhuru-**; (un fil ou une corde en cisaillant) **k'utu-**; (des tranches de fruit ou de viande) **khalla-**
courir **phawa-**
couteau **kuchillu**
craindre **manchaku-**

crapaud **hamp'atu**
crayon **lapis**
cru **hank'u**
cuillère **kuchara**
cuir **qara**
cuire (en général) **chayachi-**; (à la braise) **kusa-**
cuisiner **wayk'u-**
curé **kura**
Cuzco **Qusqu**

D

dame **siñura**
danser **tusu-**
déborder **llimp'a-**
debout (être) **saya-**; (se mettre) **sayari-**
décider **ni** + discours direct sans **nispa**
dedans **ukhu** + marque de cas
dehors **hawa** + marque de cas
demain **paqarin**
dent **kiru**
déplacer (se) (sur un axe vertical) **siqa-**; (sur un axe horizontal) **achhu-**
déplacer **asta-**
descendre **urayku-, pasayku-**
dessin **dibujo**
dessiner **dibuja-**
dessous **ukhu** + marque de cas
dessus **hawa** + marque de cas
dette (argent) **manu**
deux **iskay**
deviner **watu-**
diable **supay, saqra**
différent (autre chose) **huk**; (autre apparence) **hukñiraq**; (autre sorte) **huk lasi**
difficile **sasa**
dimanche **dumingu**
dire (précédé d'une citation) **ni-**; (révéler, raconter) **willa-**
disparaître **chinka-**

dix **chunka**
doigt **riru, ruk'ana**
donner **qu-**
donner à manger **qara-**
donner un baiser **much'a-**
dormir **puñu-**
dos **wasa**
doucher (se) **armaku-**
douleur **nanay**
doux (au gout) **misk'i**; (au toucher et de caractère) **llamp'u**
dresser (se) **sayari-**
droite (côté droit) **paña**
durer, tarder **una-**

E

eau **unu**
éclair **rayu**
éclairer **k'ancha-**
éclater **t'uqya-**
école **iskuyla**
écouter **uyari-**
écraser (en jetant sur quelque chose) **chhanqa-**; (en pressant) **ñit'i-**
écrire **qilqa-**
église **inlisha**
élève **alumnu**
élever (un animal ou un enfant) **uywa-**
embêter **turiya-**
emprunter **mañaku-**; (de l'argent) **manuku-**
enceinte **unquq, wiksayuq**
enclos **kancha**
enfant (par rapport aux parents) **wawa**; (d'un animal) **uña**; (classe d'âge) **qhari irqi** (garçon), **warmi irqi** (fille)
enlever (quelque chose à quelqu'un) **qichu-**
enseigner **yachachi-**
ensemble **kuska**
entrer **hayku-**
envoyer (quelqu'un) **kacha-**; (une lettre) **apachi-**

épaule **rikra**
épine **kishka**
escalier **raras**
espagnol (langue) **kastillasimi**
étendre **mast'a-**
étoile **quyllur, ch'aska**
étranger **hawaruna**
être **ka-**
excrément **aka**

F

face (en) **chimpa** (+ marque de cas)
faim **yarqay**
faire **ruwa-**
famille (restreinte) **phamilla**; (élargie) **ayllu**
farine **hak'u**
fatigué **sayk'usqa**
faute **hucha**
faux **rutuna**
femelle **china**
femme **warmi**
fenêtre (dans une maison de type urbain) **wintana**; (dans une maison de type traditionnel) **wasi t'uqu**
fermer **wisq'a-**
fête **phista**
feu **nina**
feuille **raphi**
fêve **hawas**
fêves bouillies **phuspu**
fille (d'un homme ou d'une femme lorsqu'elle est toute petite) **wawa**; (d'un homme lorsqu'elle n'est plus un bébé) **ususi**; (d'une femme même lorsqu'elle n'est plus un bébé) **wawa**
filleul **aysharu**
fils (d'un homme ou d'une femme lorsqu'il est tout petit) **wawa**; (d'un homme lorsqu'il n'est plus un bébé) **churi**; (d'une femme même lorsqu'il n'est plus un bébé) **wawa**
flatter **llulla-**
fleur **t'ika**

force **kallpa**
forêt (tout endroit boisé) **munti**; (forêt amazonienne) **muntaña**
foudre **rayu**
fouler (aux pieds) **saru-**
fourmi **sisi**
foyer **q'uncha**
frapper (en général) **maqa-**; (avec un bâton) **q'asu-**; (à la porte) **taka-**; (à grands coups) **dali-**; (sur le côté) **waqta-**
frère (d'un homme) **wawqi**; (d'une femme) **tura**
froid **chiri**; faire froid: **chiri-**
fruit (à manger) **fruta**; (sur les arbres) **ruru**
fuir **ayqi-**
fumée **q'usñi**
fumer **pita-**

G

gauche (côté gauche) **lluq'i**
gel **q'asa**
graisse **wira**
grand **hatun**
grand-mère **awila**
grand-père **awilu**
grêle **chikchi**
griller (du maïs ou des fêves) **hank'a-**
gris **uqi**
guérisseur **paqu**

H

habiter **tiya-**
herbe (non comestible) **qura**; (comestible pour les troupeaux) **pastu**
heure **uras**
homme (par opposition à "femme") **qhari**; (être humain) **runa**
honte **p'inqay**; avoir honte: **p'inqaku-**
huit **pusaq**

I

idiot **upa, sunsu**
il, elle, lui **pay**
indien **runa**
irriguer **qarpa-**

J

jambe **chakan**
jaune **q'illu**
je, moi **ñuqa**
jeter **wikch'u-**
jeudi **huywis**
jeune fille **sipas**
jeune homme **wayna**
joie **kusi**
joli **munay**
jouer **pukllay**
jour **p'unchaw**
joyeux (de caractère) **kusi**

L

labourer **yapu-**
lac **qucha**
lâcher **kachari-**
laid (qui inspire répulsion) **millay**
laine **millma**
laisser **saqi-**
lait **lichi**
lama **llama**
langue (organe) **qallu**; (langage) **simi**
laver (tout sauf des textiles ou des cheveux) **maqchhi-**; (textiles et cheveux) **t'aqsa-**
lettre **karta**
lever (transitif) **uqari-**; (se lever) **hatari-**; (pour le soleil) **paqari-**

lire **liyi-**
lit (de type urbain) **puñuna, katri**; (de type traditionnel) **kawitu**
livre **liwru**
loger (transitif) **qurpacha-**; (intransitif) **alohaku-, qurpachaku-**
loin **karu**
longtemps **unay**
lourd **llasa**
lundi **lunis**
lune **killa**

M

magasin **tinda**
main **maki**
maintenant **kunan**
maïs (en général) **sara**; (en épi) **chuqllu**; (bouilli) **mut'i**; (grillé) **hank'a**
maison **wasi**
mal (contraire de bien) **mana allin**; faire mal: **nana-**
malade **unqusqa**
mâle **urqu**
manger **mikhu-**
marché **qhatu**
marcher **puri-**
mardi **martis**
mari **qusa**
marier (se) **kasara(ku)-**
marmite **manka**
matin **paqarin**
méchant, féroce **phiña**
médicament **hampi**
mener (quelqu'un ou un animal) **pusa-**; (par une bride) **aysa-**; (un troupeau) **qati-**
mentir **llullaku-**
mer **lamarqucha**
merci **sulpáy, uspaláy, Dios pagarasunki, agradisikuyki**
mercredi **mirkulis**

mère **mama**
messe **misa**
mettre bas **wacha-**
milieu **chawpi**
mille **waranqa**
mois **killa**
moment **ratu**
monsieur (non indien) **wiraqucha**; (indien) **tayta**
montagne **urqu**
monter (s'élever, aller vers le haut, augmenter de prix) **siqa-**; (en franchissant une limite, passer dans la partie haute, monter en grade) **wicha-**; (dans une voiture, sur un mur, en passant un obstacle) **qispi-**; (à un arbre) **lluqha-**; (transitif, une mule ou un cheval) **sillaku-**
montrer **qhawachi-**, **rikuchi-**
mordre **kani-**
mort (animal) **wañusqa**; (humain) **wañuq**
mouche **ch'uspi**
mouillé **ch'aran**
mourir **wañu-**
mouton **uha**, **uwiha**
mule **mula**
multiplier (se) **mira-**
mur **pirqa**
mûrir **puqu-**

N

naître **nasi-**, **paqari-**
neige **rit'i**
nettoyer **picha-**
neuf **musuq**
nez **sinqa**
noeud **khipu**
noir **yana**
nom **suti**
nourriture **mikhuna**
nous (excl.) **ñuqayku**; (incl.) **ñuqanchis**
nuage **phuyu**

nuit **tuta**

O

obéir **kasuku-**
oeil **ñawi**
oeuf **runtu**
offrir (en général) **chaskichi-**; (offrir une cigarette, un verre, etc.) **imbita-**; (faire un cadeau) **regala-**
oiseau **pisqu, pichinchu, pichiku**
ombre **llanthu**
oncle **tiyu**
or **quri**
orange **laranha**
ordonner **kamachi-**
oreille **ninri, rinri**
orge **siwara**
os **tullu**
oublier **qunqa-**
ours **ukuku**
outil **llank'ana**
ouvrir **kicha-**

P

pain **t'anta**
paître (transitif) **michi-**
pantalon **pantalon**
papier **papil**
parler **rima-**
pauvre **wakcha**
payer **paga-**
pays **llaqta, suyu**
peau **qara**
penser **yuya-**
perdre (transitif) **chinkachi-**
père **tayta**
Pérou **Piruw**

perroquet **luru**
petit (en général) **huch'uy**; (de stature) **taksa**
peu **pisi**
pied **chaki**
pierre **rumi**
piment **uchu**
piquer **kani-**; (être piquant) **haya-**
placer **chura-**
plaire **gusta-**
plante (qui a été plantée) **mallki**; (sauvage) **sach'a**
plein **hunt'a, hunt'asqa**
pleurer **waqa-**
pleuvoir **para-**
pluie **para**
plume **phuru**
plus **aswan**
poisson **ch'allwa**
pomme de terre **papa**
poncho **punchu**
pont **chaka**
porte **punku**
porter (en général) **apa-**; (par une anse) **aysa-**; (sur le dos) **q'ipi-**; (dans les bras) **marq'a-**; (à plusieurs) **wantu-**
poser une question **tapu-**
poule, poulet **wallpa**
pousser (intransitif) **wiña-**; (transitif) **tanqa-**
précédent **qayna**
prendre **hap'i-**
préparer **alista-**
presque **yaqa**
prêter **maña-**
proche **qaylla**
professeur **yachachiq**
puce **piki**

Q

quand **hayk'aq**
quatre **tawa**

quechua **qhishwa(simi), kichwa(simi), runasimi**
quel **may, mayqin**
queue **chupa**
qui **pi**
quoi **ima**

R

radio **radiyo**
ramasser (recueillir) **palla-**; (quelque chose qui est par terre) **uqari-**
rassasié (être) **saksa-**
rassembler (en appelant, en guidant, sans transporter) **huñu-**; (rassembler en portant) **tanta-**
rattraper **taripa-**
recevoir **chaski-**
récolte **kuhichu**
regarder **qhawa-**
réjouir (se) **kusiku-**
remercier **agradisi-**
remplir **hunt'a-**
renard **atuq**
rencontrer (dans un affrontement ou un rendez-vous) **tinku-**; (par hasard) **tupa-**
rendre compte (se) **ripara-**
répandre (en jetant) **hich'a-**
répondre **kutichi-**
reposer (se) **sama-**
respecter **mancha-**
respirer **sama-**
ressembler à **rikch'aku-** + complément à l'allatif
rester (en arrière) **qhipa-**
retourner (intransitif) **kuti**; (transitif) **t'ikra-**
réveiller (se) **rikch'ari-**
rêver **musqu-**
riche **qhapaq**
rire **asi-**
rivière **mayu**
rocher **qaqa**

rôti **kanka**
rôtir **kanka-**
rouge **puka**
route **awtuñan, karitira**
rue **kalli**
ruine (une petite ruine) **raqay**; (un village en ruines) **mawk'a llaqta**; (village des Gentils) **marka**

S

sable **aqu**
sain **qhali**
sale **qhilli**
samedi **sawaru**
sandale **husut'a**
sang **yawar**
saoul **machasqa**
sauter **p'ita-**
savoir **yacha-**
sec **ch'aki**
sel **kachi**
semaine **simana**
semence **muhu**
sentir (intransitif: sentir mauvais) **asna-**; (transitif: percevoir avec l'odorat) **muskhi-**
séparer **t'aqa-**
sept **qanchis**
serpent **mach'aqway**
seul (non acccompagné) **sapa** + possessif; (dépourvu de l'élément avec lequel on forme normalement un ensemble) **ch'ulla**
silencieux **ch'in**
six **suqta**
soeur (d'un homme) **pana**; (d'une femme) **ñaña**
soif **ch'akiy**
soigner **hampi-**
soir (entre la tombée du jour et le moment où on se couche) **ch'isi**
sol **pampa**

soleil **inti**
sorte **lasi**
sortir **lluqsi-**
souffler **phuku-**
souffrir (de douleur physique ou morale) **ñak'ari-**; (par manque de quelque chose) **muchu-**
soulever **uqari-**
soupe **lawa**
source **pukyu**
souris **huk'ucha**
souvenir (se) **yuyari-**
sucre **asukar**
sueur **hump'i**
suivre **qati-**
surpris (être) (étonné) **utiraya-**; (dans un sursaut) **manchariku-**

T

table **misa**
taire (se) **upalla-**
tante **tiya**
taureau **waka**
temps **timpu**
tente **karpa**
terminer **tuku-**
terre (matière) **allpa**
tête **uma**
thé **tiy**
tige **tullu**
tirer **chuta-**
tisser **awa-**
tomber (en général) **urma-**; (avec force) **laq'a-**
toujours **wiñay**
tourner **muyu-**
tous, tout (tout et chacun, pour une série d'éléments) **llapa**; (pour des éléments formant un ensemble complet) **lliw**; (pour une quantité globale) **tukuy**; (pour une quantité globale formant un ensemble complet) **q'ala**
tradition **kawsay**

traduire **t'ikra-**
tranquile **qasi**
travail **llank'ay**
travailler **llank'a-**
très **ancha, sinchi, nishu**
triste **llakisqa**
tromper (se) **panta-**
trou (petit, étroit et profond) **hutk'u**; (large et profond) **t'uqu**; (plus large que profond, concavité) **p'ukru**
trouver **tari-**
tu, toi, **qan**
tuer **wañuchi-, sipi-**

U

un **huk**
uriner **hisp'a-**
usé (pour tout objet sauf textile) **mawk'a**; (textile) **thanta**

V

vache **waka**
vallée (entre 2000 et 3500 mètres) **qhishwa**; (tropicale) **yunka**; (dépression étroite et profonde) **wayq'u**
vendre (en général) **winti-**; (sur le marché) **qhatu-**
vendredi **wirnis**
venir **hamu-**
vent **wayra**
ventre **wiksa**
ver de terre **kuru**
verser (en jetant) **hich'a-**
vert **q'umir**
veste **saku**
vêtement **p'acha**
viande **aycha**
viande séchée **ch'arki**
vide **ch'usaq**

vie (les événements particulier qu'a vécus une personne) **bida**; (état d'être vivant) **kawsay**
vieil homme **machu**
vieille femme **paya**
vigogne **wik'uña**
village **llaqta**
ville (**hatun**) **llaqta**
vin **binu**
visage **uya**
vivre **kawsa-**
vivres **kawsay**
voir **riku-**
voiture **awtu**
voix **kunka**
voler (intransitif) **phawa-**; (transitif) **suwa-**
voleur **suwa**
vouloir **muna-**
voyage **biyahi**
vrai **chiqaq**

BIBLIOGRAPHIE

• Grammaires et dictionnaires du quechua cuzquénien moderne:

CERRON-PALOMINO Rodolfo
Quechua sureño. Diccionario unificado. Lima: Biblioteca Nacional del Perú, 1994.

CUSIHUAMÁN Antonio
Diccionario quechua Cuzco-Collao. Lima: Ministerio de Educación - Instituto de Estudios Peruanos, 1976.

Gramática quechua Cuzco-Collao. Lima: Ministerio de Educación - Instituto de Estudios Peruanos, 1976.

LIRA Jorge
Diccionario kkechuwa-español. Tucumán: Universidad Nacional de Tucumán, 1941 (réédité en 1982 à Bogotá dans Cuadernos Culturales Andinos, n° 5).

MIDDENDORF Ernst
Das Runa-Simi oder Keshua-Sprache wie sie gegenwärtig in der Provinz Cuzco geschprochen wird. Leipzig: F. A. Brockhaus, 1890.

Gramática keshua. Madrid: Aguilar, 1970.

• Littérature et tradition orale quechuas

ESCALANTE Carmen et Ricardo Valderrama
Ñuqanchik runakuna. Nosotros los humanos. Cuzco: Centro 'Bartolomé de Las Casas', 1992.

HOWARD-MALVERDE Rosaleen
Dioses y diablos. Tradición oral de Cañar, Ecuador. Amérindia, numéro spécial 1. Paris: Association d'Ethnolinguistique Amérindienne, 1981.

HUSSON Jean Philippe
La poésie quechua dans la chronique de Felipe Waman Puma de Ayala. De l'art de cour aux chants et danses populaires. Paris: L'Harmattan, 1985.

ITIER César
El teatro quechua en el Cuzco. Tomo 1. Dramas y comedias de Nemesio Zúñiga Cazorla. Lima: Institut Français d'Etudes Andines, 1996.

LIRA Jorge
Cuentos del Alto Urubamba. Cuzco: Centro 'Bartolomé de Las Casas', 1990.

TAYLOR Gerald
Rites et traditions de Huarochirí. Paris: L'Harmattan, 1980.

Ritos y tradiciones de Huarochirí del siglo XVII. Lima: Instituto de Estudios Peruanos - Institut Français d'Etudes Andines, 1987.

• Linguistique quechua

CERRON PALOMINO Rodolfo
Lingüística quechua. Cuzco: Centro 'Bartolomé de Las Casas', 1987.

MANNHEIM, Bruce
The Language of the Inka since the European Invasion. Austin: University of Texas Press, 1991.

TORERO Alfredo
El quechua y la historia social andina. Lima: Universidad Ricardo Palma, 1974.

TABLE DES MATIÈRES

654465 - Mai 2016
Achevé d'imprimer par

1livre.com
du rêve à la réalité !